CB076706

Os Arquivos Imperfeitos

Coleção Debates
Dirigida por J. Guinsburg

Equipe de realização – Tradução: Beatriz Borges; Revisão da Tradução: Pérola de Carvalho; Revisão de Provas: Shizuka Kuchiki; Produção: Ricardo W. Neves e Sylvia Chamis.

fausto colombo
OS ARQUIVOS IMPERFEITOS

MEMÓRIA SOCIAL E
CULTURA ELETRÔNICA

EDITORA PERSPECTIVA

Título do original italiano
Gli Archivi Imperfetti

© 1986 Vita e Pensiero – Largo A. Gemelli, 1 – 20123 – Milão

Direitos em língua portuguesa reservados à
EDITORA PERSPECTIVA S.A.
Avenida Brigadeiro Luís Antônio, 3025
01401 – São Paulo – SP – Brasil
Telefones: 885-8388/885-6878
1991

A meus pais

NOSSOS AGRADECIMENTOS,

Ao jornalista Luiz Carlos Merten, de *O Estado de S. Paulo*, ao analista de sistemas Arnaldo Paulo, da PRODAM, ao publicitário Antônio Carlos Mendes, da DIMEP S.A., aos quais devemos uma ajuda valiosa para a solução de alguns dos problemas suscitados pelo texto.

SUMÁRIO

PREFÁCIO À EDIÇÃO EM LÍNGUA PORTUGUESA.................................. 13

INTRODUÇÃO........................... 15

1. O ARQUIVO COMO ITINERÁRIO......... 23
   1.1. Arquivos Hoje e Amanhã............. 23
   1.2. Os Armazéns de Imagens............. 30
   1.3. O Saber e o Labirinto................ 37
2. A IMAGEM E O AMULETO.............. 43
   2.1. A Imagem-Realidade................ 43
   2.2. O Catálogo Móvel.................. 50
   2.3. O Arquivo do Tempo................ 58
   2.4. A Imagem-Palavra.................. 64
3. O TEMPO DO ARQUIVO................ 69
   3.1. A Máquina, o Mito.................. 69
   3.2. O Tempo Digital................... 78

4. OS CAMINHOS DO ESQUECIMENTO..... 87
   4.1. Arquivos e Esquecimento............. 87
   4.2. O Laboratório e o Armazém........... 93
   4.3. Elogio do Esquecimento............. 96
5. MEMÓRIA E IDENTIDADE............. 107
   5.1. Sujeito e Lembrança: uma Questão...... 107
   5.2. Sujeito, Identidade.................. 111
   5.3. Memória, Identidade................. 118
   5.4. O Eu-Arquivo..................... 122

BIBLIOGRAFIA......................... 127

PREFÁCIO À EDIÇÃO EM LÍNGUA PORTUGUESA

Conservo bem nítida e clara a lembrança de minhas sensações no momento em que entreguei este livro ao editor italiano. Estava muito cansado, diria até mesmo alquebrado, pelos cinco anos de fadiga que aquelas páginas me haviam custado. Cinco anos de leituras, reflexões, apontamentos. Além disso, não estava satisfeito: ainda havia muito a dizer, e eu sabia disso. Mas meu problema, naquele momento, era conseguir livrar-me de uma obsessão.

Levei então o texto datilografado para o encarregado da editora, com quem já conversara por telefone, seguindo indicação de alguns amigos e conhecidos, professores da minha própria universidade. O editor pediu-me que sintetizasse brevemente o conteúdo da obra. Não consigo descrever o embaraço que senti. Gostaria de ter dito: "A intenção era fazer uma releitura da corrente mnemotécnica no Ocidente. Mas uma obra desse gênero é impossível. Então limitei-me a expor o que penso sobre alguns temas ligados a essa corrente". Por sorte, as poucas palavras que pronunciei foram outras, muito mais sensatas, e o livro foi publicado.

Aquela resposta não dada, todavia, ainda hoje me parece ser a descrição mais fiel para *Os Arquivos Imperfeitos*: o diário de uma tentativa de compreensão, no momento mesmo em que essa tentativa é colocada em xeque. O malogro – gostaria de deixar bem claro – não advém da impossibilidade teórica da solução, mas de sua irrealizabilidade concreta: para entendermos a história da mnemotécnica desde Simônides até a era dos computadores, precisaríamos ler e estudar *ad infinitum*; e ainda que nos fosse possível percorrer até o fim os caminhos daquela memória, não seria francamente razoável esquecermo-nos da nova estrada traçada enquanto se percorriam outras, *ad libitum*... Em suma, o resultado mais se assemelharia a uma versão ensaística de *Tristram Shandy* que a um modesto volume científico.

Seja como for, o livro agora existe, e o leitor o terá sob os olhos enquanto lê estas linhas; trata-se de um volume caracterizado por uma substancial indisciplina, isto é, pelo prazer de desafiar ciências e métodos diversos, para deles arrancar algumas respostas a poucas porém essenciais perguntas. Por que construímos sistemas de memória? Por que eles nos "traem"? Por que continuamos a confiar neles? Questões radicais, como bem podemos ver, raramente dirigidas à evolução e telemática das sociedades avançadas e mesmo das não avançadas, mas a elas certamente não de todo estranhas.

Quando a edição italiana de *Os Arquivos Imperfeitos* já estava nas livrarias, e portanto, de certa maneira já deixara de pertencer-me, chegou-me às mãos o livro de um estudioso norte-americano, David Bolter, intitulado *Turing's Man*. Um belo título, para um belo livro, que me teria sido muito útil, e que obviamente não consta da bibliografia. Citando-o aqui, espero remediar tal lacuna.

No mais, desejo aos leitores que recebam das páginas que se seguem o dom de formularem muitas outras perguntas, e a mim mesmo, a sorte de não ter de responder a elas.

Fausto Colombo

INTRODUÇÃO

Como convém a um século que conheceu duas grandes catástrofes bélicas e vive no terror de um próximo e irreversível declínio, nossa era parece estar dominada pela obsessão da memória. Não foi talvez por acaso que o século XX se abriu com o desabrochar da *Recherche* proustiana, vendo a sucessão dos seus decênios correr paralelamente à vida deste cantor da recordação possível que é Jorge Luis Borges: certo é que as elegias literárias são apenas um aspecto – e decerto não o principal – de uma autêntica vocação para a memória, espécie de mania arquivística que permeia conjuntamente a cultura e a evolução tecnológica.

Quantas formas assume essa obsessão? Inúmeras, sem dúvida; e talvez seja útil enuclear e esclarecer algumas delas, observando previamente que não vivem separadas, mas intersecionam-se misteriosamente em figuras complexas e amiúde não facilmente desemaranháveis. A *gravação*, em primeiro lugar: ou seja, a memorização de um fato em um suporte por meio de uma imagem (visual, acústica, acústico-visual), que, quando transmitida, restitui o ícone do próprio fato, isto é, o seu aspecto, por assim dizer, sensível e externo.

Em segundo lugar o *arquivamento*, ou seja, a tradução do evento em informação cifrada e localizável dentro de um sistema.

Em terceiro lugar o *arquivamento da gravação*, que é a tradução de uma imagem-recordação, de um ícone mnemônico em um signo arquivístico e localizável no sistema.

E por fim, a *gravação do arquivamento*, isto é, a produção de cópias dos signos já arquivados a fim de evitar-se um possível esquecimento.

Essas quatro provisórias e indicativas categorias de memorização parecem descrever um universo de catalogação e armazenamento do presente que tem por efeito a paradoxal transformação dos objetos do hoje em ontem e – através da releitura dos signos e dos ícones – do ontem em hoje.

A *gravação* parece dominar o mundo audiovisual, centralizado em torno do olho universal da televisão: o "seja onde for" e o "seja como for" que este garante (pelo menos em teoria) à informação constituem sem dúvida o fato mais relevante na história da comunicação social; mas no mais, justamente como comportamento de lembrança, a gravação produz imagens-memórias que se apresentam ao conhecimento do espectador pelo seu lado externo, desprovidas de vivência pessoal e objetivadas em seus suportes materiais.

Já a tecnologia informática e telemática, ao menos enquanto utilizada para a constituição de bancos de dados, ao contrário da precedente, parece basear-se no *arquivamento*: não só porque este traduz cada fragmento em unidade de linguagem binária, mas também porque "literaliza" cada possível aspecto do mundo em informação legível em caracteres alfanuméricos.

Os esforços realizados pela tecnologia do silício para conter também acervos de gravações (contê-los seja num quadro de referências, como nas bibliotecas, onde o ato de encontrar a colocação de um livro não exaure o processo de consulta deste, que será concluído somente com a posse do volume; seja fisicamente, através da tradução dos conteúdos destinada à transferência para o suporte digital) são modelos de *arquivamento da gravação*: traduzem uma lembrança, adequada porém individual e desvinculada de uma organização mnemônica abrangente em fragmento de uma densa rede de dados.

A possibilidade sempre presente de extravio de um dado arquivado, por dano nos suportes de memorização ou por mau funcionamento dos aparelhos de "leitura", conduz enfim à *gravação do arquivamento*: discos que contêm informações são gravados ou duplicados para que se salvaguardem seus respectivos conteúdos.

Não me parece necessário ir além: todos já terão reconhecido nas formas de memorização catalogadas as videotecas públicas ou privadas, os bancos de dados, os pequenos arquivos domésticos, e até mesmo as coleções de objetos que amiúde revelam as secretas "paixões arquivísticas" de alguns. O que importa é termos mostrado brevemente que as formas da obsessão mnemônica se sujeitam à lógica da cultura e da técnica contemporâneas, impregnando não só o processo de culturalização coletivo, mas também a vida cotidiana, os modos de pensar, em outras palavras, as convicções pessoais e de grupo.

Gravar e arquivar o nosso passado parece-nos hoje algo de muito necessário, tão indispensável como catalogar cada momento da nossa própria experiência, fotografando as imagens colhidas durante as viagens, gravando em vídeo os momentos da vida de nossos filhos ou os programas televisivos que mais nos parecem dignos de serem "conservados", amontoando no computador nossas receitas culinárias e os números de telefone, os gostos dos amigos e o faturamento do último mês.

Fora das casas, longe do pequeno mundo particular de cada um, transformado em depósito de recordações, outros arquivos e outros fragmentos de memória: cadastros, videotecas, cinematecas, bancos de dados públicos, escritórios onde as informações são conservadas como recordações. No *mare magnum* da memória pessoal e social, o homem de hoje parece sentir-se protegido do esquecimento: dados reais desconfortantes porém significativos são cancelados, removidos ou escondidos com a finalidade de não abalarem as convicções de base. No entanto, nas videotecas, algumas fitas e alguns filmes, por desgaste ou por acidente, têm os seus conteúdos apagados. O erro humano comporta gravações deformadas, alteradas ou erradas *tout-court*. Em todo caso, não há uma exata correspondência entre o tempo dedicado à gravação e ao arquivamento — enfim ao abastecimento de depósito — e o que se dedica à "leitura" das lembranças. Assim, insensivelmente, parece que a profecia do *Fedro* platônico se repete: finalmente dotados de signos, os seres humanos perdem as próprias recordações pessoais, às quais tendem a abdicar. Assim, mais do que nunca, a memória técnica parece encerrar em si um segredo: como acontece com o protagonista do *Mar da Fertilidade*, de Mishima, o que foi ciosamente mantido nas salas das lembranças revela-se no fim um "espelho dos enganos"; e o passado esvai-se lenta, porém dolorosamente, no tempo que em vão tentamos dominar.

Tudo isso, naturalmente, pode ser indagado e verificado somente com base na própria raiz do saber arquivístico, raiz distante, aninhada na história da mnemotécnica ocidental, e que, tal como a memória à qual pertence, concatena-se com outras raízes, as do tempo e do esquecimento, as da imagem-recordação e da identidade de quem recorda. O esforço para evidenciarmos a essência e os nexos da memória contemporânea é o acontecimento axial deste livro, construído segundo um esquema que parte do centro do problema (a estrutura da memória técnica) e se enrola através das suas conexões sobre a vertente cultural (evolução da imagem, da concepção do tempo e do esquecimento) para atingir uma espécie de provisório *identikit* do homem arquivístico. Ressaltar o caráter *in fieri* deste trabalho parece-me até mesmo supérfluo: ante a complexidade do problema bastar-me-ia ter levantado com suficiente clareza uma questão e ter aberto um caminho de pesquisa.

É praticamente impossível agradecermos a todos os que colaboraram de alguma forma para a redação deste livro. Limito-me, portanto, a lembrar aqui o quanto foram pródigos em conselhos e críticas durante minhas intervenções públicas sobre o assunto, intervenções que muitas vezes precederam a redação definitiva dos diversos capítulos, propiciando-me, assim, insubstituíveis ocasiões para cotejo e verificação dos resultados atingidos.

Um agradecimento especial devo ainda a Francesco Casetti e a Virgilio Melchiorre: ao primeiro, por ter lido parte do manuscrito, ao segundo, por termos discutido um esquema já adiantado de elaboração; as sugestões de ambos são bem claras na edição definitiva. Sou devedor de Marco Aroldi por uma preciosa ajuda na escolha das citações de Eliot que – à maneira de exergos – dão ritmo ao suceder dos capítulos e à linearidade do texto.

Não posso, enfim, eximir-me do prazer de manifestar minha gratidão a Gianfranco Bettetini: não só por sua paciente obra de discussão, mas também pelo apoio vigoroso com que encorajou a longa gestação deste trabalho; não tenho dificuldade em admitir que seus conselhos e sua confiança foram decisivos para que esta minha modesta lida chegasse a termo.

1. O ARQUIVO COMO ITINERÁRIO

What might have been and what has been
Point to one end, which is always present.
Footfalls echo in the memory
Down the passage which we did not take
Towards the door we never opened
Into the rose-garden. My words echo
Thus, in your mind.

(T. S. Eliot, *Four Quartets*, "Burnt Norton", I, 9-15.)

1.1. Arquivos Hoje e Amanhã

Entro num arquivo. O termo entrar, hoje não perfeitamente adequado ao mundo dos bancos de dados, evoca o fascinante universo dos arquivos de antigamente: bibliotecas a percorrer, prateleiras a descobrir. Os "córtices cerebrais exteriorizados" (Leroi-Gourhan, 1965) deixavam-se ler através de um deslocamento físico, de uma atenta e preordenada *promenade* ao longo dos fios da pesquisa. Já as bibliotecas modernas esconderam esse aspecto, delegando aos encarregados a localização do volume e proibindo, na maior parte dos casos, os usuários diretos de fazê-los; em diversas partes do mundo já funcionam bibliotecas computadorizadas nas quais o livro é procurado como um dado, e entregue mecanicamente ao requerente. Os próprios objetos procurados perdem cada vez mais sua objetividade para transformarem-se em signos, indícios de coisas mais distantes: microfichas, microfilmes e assim por diante. No entanto, como tentaremos mostrar, entrar num arquivo informático conserva, de um certo modo, a idéia de viagem e por conseguinte de ingresso, com a incontestável e evidente diferença fundamental de que os dados requeridos ou procurados movem-se em direção ao viajante, ao invés de esperarem imóveis e imperturbáveis a chegada deste: entrar num arquivo significa hoje sentar diante de uma tela (monitor ou simples televisor doméstico) e iniciar a pesquisa de uma informação qualquer. O arquivo pode estar em nosso poder fisicamente – como no caso de um simples *file* gravado em disco ou em fita magnética (memórias de massa) – ou então colocado em algum outro lugar, como na sede de um banco de dados: em cada um dos dois casos a viagem consistirá numa série de seleções entre possíveis escolhas sucessivas, que nos levarão paulatinamente a individuar aquilo que procuramos.

Sigamos alguns tipos fundamentais de percursos de "leitura" de um arquivo, para demarcarmos – juntamente com as diferenças – a idéia comum de viagem metafórica. Comecemos por um *file* doméstico, construído e utilizado por um microcomputador. Sua leitura lembra a de um livro: de fato, um *file* compõe-se de "páginas" eletrônicas (*records*), divididas em unidades informativas (*campos*). É possível, pressionando as teclas apósitas, deixar as páginas correrem segundo um procedimento de tipo seqüencial.

Para encontrarmos mais rapidamente um *record* (o acesso seqüencial é sempre bastante demorado, pois segue um percurso preordenado, seja alfabético ou numérico) podemos agir selecionando um determinado *campo* daquela página. Por exemplo, caso se procure num *file* geográfico o *record* África do Sul, pode-se acelerar o processo selecionando o *campo* "nome do país" pré-escolhido[1]. Neste último caso é o computador que percorre – muito mais rapidamente do que seria possível a qualquer usuário – todo o itinerário necessário, dando uma ilusão de simultaneidade entre o ato de procurar e o ato de encontrar a informação. Naturalmente o acesso a um banco de dados requer um procedimento mais complexo: antes de mais nada é necessário possuir um terminal com ligação direta (como os que se vêem em todas as grandes estações ferroviárias ou em todas as instituições bancárias) ou um computador individual dotado de um instrumento chamado *modem* (*mo*dulador e *dem*odulador), que torna o usuário apto a conectar-se – via linha telefônica – à rede em questão.

Nesse caso, estamos na presença de um arquivo telemático, ou seja, de um sistema cuja tecnologia tanto a informática quanto a telecomunicativa, devidamente integradas, permite o acesso à distância aos bancos de dados eletrônicos. Estes últimos estão aptos a fornecer informações a um grupo fechado de usuários, isto é, a uma lista de clientes autorizados, aos quais é revelada a palavra-chave que permite o acesso (*password*)[2]. O usuário – "reconhecido" pelo arquivo – recebe à sua frente um *menu* com todos os setores pelos quais os serviços estão distribuídos. Cada escolha conduz a um ou mais *files* do tipo já descrito, ou mesmo a *database*, ou seja a conjuntos de informações reunidas de

---

1. Esse exemplo foi tirado de um arquivo eletrônico específico, o VU-File organizado pela PSION para o ZX Spectrum da Sinclair. Uma explicação sintética do seu funcionamento pode ser encontrada em *Personal Time*, 2 de maio de 1984, pp. 140-141.

2. Sobre as modalidades de acesso a um banco de dados ver Scrvello, 1984.

modo a permitirem um acesso direto. Por exemplo, um banco de dados norte-americano – The Source – oferece a possibilidade de conexão com um arquivo chamado *Byline*, que contém notícias localizáveis mediante uma pesquisa por autor, título e palavras-chaves (cf. Anelli, 1984). As enormes possibilidades de fruição informativa desses serviços telemáticos, chamados videotextos interativos ou *viewdata*, favoreceram sua difusão no campo jornalístico: os jornais mais importantes do mundo, de fato, utilizam sistemas desse tipo que permitem o armazenamento e a leitura da enorme quantidade de notícias chegadas diariamente. A New York Times Information Bank, por exemplo, é um serviço do *New York Times* dirigido aos usuários externos, atualmente dotado de três milhões de documentos. Os textos memorizados, artigos do próprio jornal ou de outras fontes informativas, são tratados manualmente: destes provêm tanto as palavras-chaves (necessárias à pesquisa temática), quanto os *abstracts* a serem memorizados. O usuário poderá, através do catálogo de palavras-chaves e da individuação dos operadores lógicos corretos (*and, or, not*), requerer a visualização dos *abstracts*. Caso ainda não esteja satisfeito, poderá requerer o original, que lhe será selecionado manualmente dentre as microfichas nas quais foi gravado.

Outro exemplo interessante de *viewdata* jornalístico é oferecido pelo arquivo de redação do *Toronto Globe*: neste caso, o texto selecionado (isto é, tudo aquilo que sai em fotocomposição) é memorizado direta e integralmente pelo computador. O sistema extrai automaticamente as palavras-chaves para a pesquisa, que posteriormente serão também completadas pelo pessoal especializado com uma série de outras indicações. O usuário terá assim a possibilidade de visualizar diretamente o texto completo, sem passar pela consulta aos *abstracts* (cf. Carità, 1984). Já agora deveria estar claro que a liberdade de movimento do usuário desses sistemas é suficientemente elevada: prova disso é o fato de que a utilização permitida vai bem além da simples pesquisa de um dado, ensejando a sua correção ou a sua inserção por parte de qualquer cliente. Além disso, os *viewdata* permitem freqüentemente (como no caso da já citada The Source) serviços de correios eletrônicos ou (como o inglês PRESTEL) de compra e venda a domicílio[3].

Todavia, no que concerne à descoberta de um dado, a idéia de percurso dirigido, que havíamos adotado para o microarquivo doméstico, parece permanecer válida. Trata-se aqui de uma viagem através de um espaço bem mais extenso (justamente, telemático), mas os mecanismos de "pontaria" da informação não se modificam muito, como tentaremos esclarecer mais adiante.

A idéia de percurso é ainda mais patente num outro tipo de arquivo telemático, denominado videotexto circular ou teletexto. Este aproveita os horários vagos da emissão televisiva normal para transmitir informações destinadas a serem memorizadas num adaptador apropriado. O usuário não tem, nesse caso, necessidade de um computador individual; bastam-lhe um televisor adequado e um teclado em muitos aspectos similar ao controle remoto normal: através deste, seleciona primeiro o serviço (pressionando uma determinada tecla como se estivesse selecionando um canal), para depois prosseguir orientando-se pelos *menus*, compostos de unidades informativas e unidades numéricas. Ao selecionarmos a unidade numérica (sempre apertando a tecla correspondente), selecionamos a unidade informativa correspondente, por sua vez ramificada segundo um *menu*, e assim por diante[4]. Através de um sistema de escolhas, o usuário percorre progressivamente uma série de "nós" de seleção, até chegar ao assunto que lhe interessa: para saber o resultado de uma partida de futebol, deveria então, antes de mais nada, escolher no *menu* geral o tema "esporte"; do novo *menu* que apareceria no vídeo deveria selecio-

---

3. O videotexto interativo é atualmente difundido na Grã-Bretanha (primeiro e segundo PRESTEL), na Alemanha (BILDSCHIRMTEXT), nos Estados Unidos e no Canadá (serviços privados), como também na França (TELETEL e outros) e na Itália (VIDEOTEL).

4. O teletexto atualmente é difundido em muitos países, entre os quais, Grã-Bretanha, França, Áustria, Alemanha, Itália (TELEVIDEO).

nar "futebol", e assim por diante até chegar à informação desejada, segundo um procedimento seqüencial-seletivo que obviamente oferece uma liberdade de percurso muito limitada. Os três tipos de arquivos até aqui descritos podem ser, portanto, assim esquematizados:

		ACESSO	
		direto	seqüencial
TECNOLOGIA	informática	file ou arquivo doméstico	
	telemática	videotexto interativo ou *viewdata*	videotexto circular ou *teletexto*

Não obstante as diferenças, os três sistemas têm em comum a metodologia de estocagem dos dados, que ocorre através da *tradução* e da *espacialização* das informações.

O primeiro termo deve ser entendido no sentido metafórico: chamamos aqui de tradução o processo de adaptação necessário à colocação de uma informação num arquivo qualquer e, sobretudo, num arquivo informático. A própria viabilidade de localização de um dado é possível porque este foi reduzido a um retículo de palavras-chaves e conexões; mas no caso da informática e da telemática essa transformação envolve também a redução do dado a pulsos, a mudança do seu código e do seu suporte.

A espacialização da memória dentro da qual se faz o arquivamento, ao contrário, deve ser entendida em sentido mais literal: o termo pretende indicar tanto a localização dos dados dentro das memórias de massa (unidade de discos, unidade de fitas, *mainframes* e assim por diante), quanto a própria lógica de programação do computador, que funciona atribuindo a cada dado uma variável que é – exatamente – um "espaço" de memória. No que tange às memórias de massa, ou seja, aos suportes capazes de memorizar grandes quantidades de dados (suportes que suprem com a própria – relativa – estabilidade a volatilidade na memória central de todo computador), a fita de papel e as fichas perfuradas, utilizadas respectivamente com as teleimpressoras e com os primeiros grandes computadores criados para fins de cadastramento, dão facilmente a idéia de espacialização: cada pequeno setor da fita ou da ficha é um espaço útil ao armazenamento dos dados. As atuais memórias magnéticas (fitas e discos) tornam mais difícil o reconhecimento, porém o seu mecanismo é análogo, se não idêntico: também elas são compartimentos de um depósito, reduzidíssimo, porém extremamente capaz.

A essa espacialização serve todavia de suporte uma outra forma de colocação: a que age nas memórias voláteis dos computadores, ou nas memórias não voláteis mas também não praticáveis (como as que contêm os programas de funcionamento do computador). Essa forma de disposição leva o nome de programação, e consiste em fornecer à máquina as instruções sobre as operações que deve efetuar. As memórias "internas" dos computadores são compostas de uma série de locações. Determinar uma variável não significa nada mais que colocar um certo dado (por exemplo, um número) numa determinada locação, indicada pelo seu número binário. Assim sendo, a instrução A − 3 significa mais ou menos "pegue o dado 3 e coloque-o na locação A" (que a linguagem de programação traduzirá para o número binário correspondente). Naturalmente, também para encontrar o dado será necessário indicar a locação dele; por exemplo "escreva A" significa "pegue o dado colocado na locação A e escreva-o na tela", e A − A+ 3 significa "pegue o número que se encontra na locação A, some-o ao número 3 e coloque o resultado na locação A" (cf. De Rosso, 1983, 14-24).

A tecnologia dessas memórias continua, naturalmente, a desenvolver-se e a aumentar o "espaço" disponível, ou seja, o número de locações à disposição: das memórias de núcleos até as memórias de semicondutor, construídas com tecnologia MOS[5], esse incremento avançou na proporção

---

5. MOS = metal-oxide semiconductor.

inversa do atulhamento, permitindo milagres de velocidade e miniaturização que todos conhecemos[6]. Caso a tecnologia dos supercondutores tenha maior desenvolvimento no futuro, é provável que esse processo sofra um impulso ulterior, e que as partes funcionantes de uma máquina se reduzam até chegarem à dimensão de um maço de cigarros[7].

Voltando então ao fenômeno que chamamos de *espacialização*, este nos leva a uma observação já por nós mencionada inicialmente: o usuário de um arquivo é um viajante *sui generis*, que atravessa um espaço não fisicamente, mas graças a uma nova capacidade, que consiste em fazer o dado deslocar-se na sua direção. O trajeto que lhe cumpre percorrer é simplesmente *encenado* numa tela, e traduzido numa série de *menus*, ou catálogos de seleções possíveis. E todavia, o percurso conserva ainda as conotações de uma viagem (certos jogos computadorizados, os *adventures-games*, usam o mesmo procedimento, não visualizando nada, mas simplesmente oferecendo situações de perigo e soluções possíveis, entre as quais escolher, em parte às cegas, a melhor; (cf. Cesareo-Hessel, 1984): dela conserva, pelo menos, o fascínio. É justamente nisso que os arquivos informáticos e telemáticos de hoje e de amanhã revelam-se parentes extremamente próximos das mais antigas formas de memorização, transmitidas e sedimentadas na mnemotécnica ou arte da memória.

1.2. Os Armazéns de Imagens

A idéia da lembrança como viagem e da memória como percurso preestabelecido é antiga: a lenda de Simônides,

---

6. Recentes melhoramentos nesse sentido foram obtidos graças ao uso da tecnologia bipolar e CMOS. A propósito da miniaturização dos contêiners com a vantagem da capacidade cada vez maior em relação aos conteúdos, ver também Bottinelli-Colombo, 1983.

7. Os supercondutores (hélio, mercúrio, chumbo, prata e ouro) são materiais que – resfriados a poucos graus acima do zero absoluto – tornam-se ótimos condutores de eletricidade (cf. Berry, 1983).

mítica crônica do nascimento da mnemotécnica, é uma prova disso. A história é conhecida. Chamado ao banquete do nobre Escopas para compor e recitar uma ode, Simônides canta hinos em louvor dos Dioscuros. Ressentido, Escopas, no momento de pagar ao poeta a recompensa prometida, entrega-lhe somente metade (...) para que peça o restante a Castor e Pólux, filhos de Júpiter. Pouco depois, um servo chama o poeta e convida-o a sair, dizendo que duas pessoas o procuram; Simônides sai da casa e não encontra ninguém, mas salva sua vida porque a casa desmorona, soterrando Escopas e os convidados. Os cadáveres estão estraçalhados, e o reconhecimento das vítimas parece impossível; Simônides, porém, lembra-se da colocação dos comensais no banquete, e pode, portanto, restabelecer-lhes a identidade até há pouco incerta[8].

Eis então o segredo de Simônides, fundador da arte da memória: colocar as lembranças em lugares exatos, para daí tirá-las nos momentos de necessidade. Os três grandes estudos de retórica da tradição romana aprofundarão a questão; o anônimo autor do *Ad Herennium*, Cícero no seu *De Oratore* e Quintiliano no *Tratado sobre a Oratória* aceitam a idéia da disposição das lembranças em lugares estabelecidos de um determinado ambiente: e o interesse deles nada tem de ingênuo ou de neutro; a retórica necessita de uma memória nova, ágil e capaz, apta a permitir a correta reevocação de uma oração qualquer. Pode-se levantar a hipótese de que, já na época grega, foi justamente a arte oratória que obrigou os métodos de memorização a renovarem-se, adequando-se à complexa estrutura da oração, para a qual já não é suficiente o simples revocar do ritmo dos versos, mas faz-se indispensável uma conexão mais articulada entre os assuntos tratados e as escolhas expressivas. Talvez a memória dos aedos e rapsodos tenha sido considerada superada justamente em decorrência do nascimento da retórica profissional, herdada e sistematizada teoricamente

---

8. O episódio é relatado por Cícero no *De Oratore*; ver, a propósito, Yates, 1966, e Rossi, 1983.

pelos romanos. Voltemos, porém, ao centro do problema, que concerne, justamente, aos métodos de colocação das lembranças dentro de um dado ambiente. "Constat igitur artificiosa memoria locis et imaginibus" está escrito no *Ad Herennium*: os *loci* são comparados a pequenas tábuas de cera, nas quais as *imagines* podem ser impressas e também apagadas. O sistema dos *loci*, que todo mestre de retórica deve construir segundo as próprias exigências e as próprias experiências (será oportuno que utilize um ambiente bem conhecido), é uma estrutura mental permanente, uma disposição destinada a sobreviver áo eventual esquecimento desta ou daquela oração particular: colunas, intercolúnios, arcos perduram na mente e oferecem sempre nova abertura às sempre novas recordações que o orador quiser colocar.

As *imagines* (*imagines agentes*), ao invés disso, nada mais são que a *tradução* dos conteúdos em visualizações surpreendentes e evocadoras, capazes de gravarem-se com vivacidade na mente e sistematizarem-se nos *loci* dos quais devem, por assim dizer, saltar no momento da ativação. Existem imagens através das coisas e imagens através das palavras: as primeiras traduzem os argumentos, as segundas, os artifícios expressivos que serão utilizados para expor tais argumentos.

Como é sabido, a retórica articula-se em cinco partes ou momentos: *inventio, dispositio, elocutio, memoria, pronuntiatio*. Com base no que até aqui recapitulamos, parece evidente que a memória se referia tanto à lembrança da *dispositio* quanto à da *elocutio*: os *loci* e as imagens através das coisas, na sua sucessão, espelham a ordem da primeira, enquanto a segunda, que consiste nos modos de exposição, é fielmente testemunhada pelas imagens através das palavras.

Mas existe um outro ponto fundamental que não deve ser omitido. No *De Memoria et Reminiscentia*, Aristóteles distingue duas faculdades memoriais: a *mnémē* e a *anámnēsis*: a primeira consiste na simples faculdade de conservação do passado, a segunda no seu chamado ou na sua ativação (cf. Vernant, 1971; Sini, 1982; Petrosino, 1983). Ora, é evidente que na concepção retórica o ponto central está na articulação da *mnémē*, isto é, na correta impressão da memória: a *anámnēsis* reduz-se, repetimos mais uma vez, a uma viagem pelo ambiente treinado para restituir aquilo que nele foi deixado, no momento certo. Daí me parece poder concluir que a tradição mnemotécnica da retórica constitui o primeiro autêntico precursor da lógica do arquivamento: para cada arquivo, mesmo computadorizado, o problema consiste em armazenar corretamente e o ato de chamar a informação não é nada além de uma conseqüência direta que põe em ação mais a vontade do que a competência do usuário. Ademais, encontramos, já nos expedientes retóricos, a diferença entre um suporte (o sistema dos *loci*) e o conjunto propriamente dito das lembranças, juntamente com a função convergente da espacialização da memória e da tradução das informações. Pode-se talvez, então, falar de uma tradição mnemônica ocidental, de uma espécie de filosofia da memória que está por trás dos arquivos de ontem e de hoje. Sendo assim, uma dúvida é lícita: será que a memória da nossa sociedade, baseada na capacidade (no sentido etimológico do termo) em relação aos objetos ou aos signos a armazenar, acolhe a única solução possível, ou dentre essas soluções escolhe uma, particularmente adequada à sua prévia escolha técnica e quantitativa?

Certo, a espacialização armazenadora parece hoje a única alternativa possível para o esquecimento. E, no entanto, também outras hipóteses foram formuladas na história do pensamento.

Trazer aqui o uso filosófico da memória na tradição platônica, que envolve também Agostinho, ou a intuição tomista do valor ético da lembrança, levar-nos-ia, certamente, muito além dos objetivos do presente trabalho. Não obstante, é essencial salientarmos o valor parcial e eletivo da solução espacializadora oferecida pela mnemotécnica retórica e tão fecundamente aplicada (de maneira naturalmente de todo autônoma e talvez inconsciente) pelos mais recentes métodos de gravação e armazenamento de informações; desde que tal valor descende de uma escolha operativa, pode ele ser julgado pela história da cultura à luz, não somente de seus efeitos, mas também de sua gênese e de sua evolução.

Exatamente esta última observação nos convida a ir mais além, na direção dos desenvolvimentos humanísticos e renascentistas das intuições retóricas. A metade do século XV marca uma etapa importante desses desenvolvimentos: Pietro de Ravena, em sua obra *Phoenix seu Artificiosa Memoria* (1491), retoma dentro de uma perspectiva leiga a mnemotécnica que a tradição tomista formalizara eticamente, dela propondo uma versão em clave retórica clássica. O próprio Pietro vangloriava-se de não cessar – em suas peregrinações – de expandir seu mundo interior, ou seja, as intrincadas construções dos *loci* para as *imagines agentes* (cf. Rossi, 1983, 50-54). Johannes Romberch dá um passo ulterior, catalogando, em seu *Congestorium Artificiosae Memoriae* (1520), os possíveis sistemas de lugares para as imagens: dos três tipos de *loci* um ainda é constituído pelo edifício real, outro pelo zodíaco (Romberch encontra essa pista no *De Oratore*, a propósito do método de Metrodoro di Scepsi), e o terceiro pelo próprio cosmo (cf. Yates, 1966, 106-114). Será útil determo-nos nessa inovação: a intuição de Romberch consiste em imaginar o armazém mental do retórico como um lugar físico, objetivo, interpessoal. Duas séries de lugares do *Congestorium* são patentemente comuns a todos aqueles que os queiram utilizar. É verdade também que esses lugares continuam sendo imagens mentais, mas a aderência deles a um mundo que se entende como hierarquicamente ordenado e circularmente fechado impõe em primeira instância a lógica do cosmo àquela da mente, e – em segunda instância – a lógica da mente à lógica do cosmo. Se, de fato, por um lado, o universo e o zodíaco oferecem-se como lugares possíveis, por outro, são eles encarados como suportes mnemônicos, quase como se esta fosse uma característica intrínseca de ambos. Por um rápido curto-circuito mental, a memória é intuída como essência do mundo e sua clave de leitura.

O novo retórico, prefigurado por Romberch, é portanto

muito mais do que um profissional preocupado em defender suas criações do esquecimento: é um viajante do mundo, um incansável percorredor de vias astrais. Lembrança torna-se sinônimo de conhecimento, e já no *Congestorium*, este último colore-se de tintas combinatórias. As imagens vívidas da tradição ciceroniana tornam-se, de fato, na nova cultura, ordenados alfabetos de símbolos: também a traduzibilidade das lembranças em signos assume, portanto, uma valência original, que poderíamos definir como sistemática. Isso equivale a dizer que ao caráter comum do suporte começa a corresponder o caráter universal do sistema de símbolos, e que o caminho da rigorização está definitivamente aberto.

O teatro da memória de Giulio Camillo é, a esta altura, somente uma aplicação – eivada de saber mágico-cabalístico – da tentativa de Romberch. Quem quer que se coloque diante da planta da construção camilliana (cf. Yates, 1966) pode constatar sem dificuldade as arcanas correspondências entre um teatro vitruviano e os signos astrais que simbolizam as potências do universo: na base sobressaem as sete colunas da casa da sabedoria de Salomão; mais acima, sete andares, cada um dos quais atravessado por sete setores. O resultado da combinação é assombroso: quarenta e nove "casas", cada uma das quais individuável e denotável segundo uma dupla série de coordenadas, relativas, na base, aos sete astros (Lua, Mercúrio, Vênus, Sol, Marte, Júpiter, Saturno) e na vertical, aos sete símbolos mitológicos (o mais baixo deles corresponde ao planeta, e os outros, pela ordem, ao Convívio, ao Antro, às Górgonas, a Pasifaé e o Touro, aos Talares de Mercúrio, a Prometeu). Mas as maravilhas camillianas não terminam aí: cada lugar mnemônico, tão facilmente catalogável segundo as próprias coordenadas, possuía em si um precioso segredo: era provavelmente constituído por gavetas, dentro das quais, ao invés de imagens, achavam-se papéis e documentos, ou seja, as "lembranças" a armazenar (cf. Yates, 1966, 134).

Alguém discerniu nesse estratagema arquivístico de Camillo uma espécie de "queda" do originário espírito alquímico-cabalístico do mago: aqui podemos nos limitar a ressaltar a consonância do uso armazenativo do teatro com o projeto de identificação de memória e conhecimento que parece estar na base da releitura renascentista da mnemotécnica. A trama do universo, relida e reinterpretada através do saber mágico, torna-se pista e guia (estávamos quase dizendo: "fio de Ariadne") para a memória mais leiga da experiência humana: o teatro é uma imaginária projeção universal que faz as vezes de suporte para o conhecimento e sua catalogação. Pouco depois a mente inquieta de Bruno intuirá a possível e definitiva identificação entre memória e saber, confluente para uma lógica combinatória que ele chama de "fantástica".

Paolo Rossi já teve o mérito de revocar os passos fundamentais da revolução bruniana: a convencionalidade da relação entre lugar e imagem é substituída pela realidade da conexão entre *sub-jectum* e *ad-jectum*; aos *loci* clássicos e àqueles, mais tardios, da tradição medieval, preferiu-se uma série de complexas imagens hermético-astrológicas; à rigidez do lugar-residência dos *loci* justapõe-se um sistema de figuras rotativas (prefiguradas por Lúlio) articuladas em símbolos, do qual é possível extraírem-se cento e trinta lugares combinados (cf. Rossi, 1983, 140-141).

É evidente que o passo fundamental dado por Giordano Bruno consiste na crítica da convencionalidade dos lugares; sua pretensão de individuar conexões objetivas entre *locus* e *imago* revela um projeto arrojado, o de criar um sistema de memória especular em relação ao sistema do universo, no qual este último pode encontrar o seu digno reflexo ou até mesmo sua única interpretação. A intuição bruniana acaba por derrubar a intuição retórica, levando-a às últimas conseqüências: para Simônides e os mestres oradores, a natureza discursiva do processo mnemônico podia encontrar apoio na metáfora da viagem, do deslocamento espacial. Tradução das lembranças em *imagines* e colocação destas últimas em *locis* de um ambiente conhecido não eram nada além de expedientes capazes de materializar momentaneamente essa metáfora. Para Bruno, o mundo que se oferece como suporte às recordações não é mais do que a fachada, a aparência de uma trama celeste e arcana; sua decifração, portanto, passa pela compreensão dessa trama e sua utilização como sistema mnemônico. Mas este último já perdeu inteiramente a sua convencionalidade e funcionalidade, para repentinamente tornar-se a clave de leitura de todo o universo.

Sub-jectum e *ad-jectum*, mundo e lembrança, acabam por revelar a sua substancial identidade; a memória explode como entidade à parte e resolve-se em arquétipo, em saber do ser. E, por outro lado, o saber mnemônico enforma o mundo, que assume sempre com maior intensidade os contornos da lembrança, da memória espacializada e traduzida, do saber como viagem e do conhecimento como descoberta dirigida e desejada.

Depois de Bruno, como é sabido, o impulso propulsor da metafísica da memória enfraquece e morre. As tentativas de retomada (Fludd) e as releituras em clave puramente combinatória (Leibniz) malogram ou deixam-se cair no esquecimento por caminhos diferentes. Somente muito mais tarde – e encontramos então a *nossa* história – a lógica combinatória oferecerá às novas tecnologias insuspeitadas reservas, com o afeiçoamento da linguagem binária na sua forma atual, tão adequada às máquinas eletrônicas. E ainda assim, é impossível deixar de pensar que o mito do qual Bruno se fez portador não está morto de todo, e, ao contrário, revive de um modo qualquer no âmbito tão leigo das memórias informáticas da nossa era.

1.3. *O Saber e o Labirinto*

O primeiro sinal das ligações entre a evolução mnemotécnica e a repentina expansão das memórias de massa (no duplo sentido que o termo pode evocar) é dado pela identidade substancial da forma-saber nos dois campos. Observamos no parágrafo precedente que a utopia bruniana gira em torno do curto-circuito entre informação e lembrança, entre dado armazenado e dado descoberto. O universo de Bruno é um gigantesco reservatório de conhecimentos, cujo objeto é o próprio universo. Em outras palavras, o *locus* e a *imago* são coincidentes, porque a estruturação do saber espelha fielmente a estruturação do mundo.

Mas a extensão da rede informática leva a conseqüências não muito distantes: as informações encontráveis são apenas dados pré-armazenados e cuidadosamente selecionados no ato da memorização.

Também aqui, a forma-saber é a forma-memória, ou seja, a lógica espacializadora da tradução em signos das recordações. Esta primeira coincidência leva à pesquisa de consonâncias mais próximas; eis então que as modalidades de acesso ao sistema mnemônico repetem, entre percurso mnemotécnico e arquivamento informático, uma série de analogias que são, no mínimo, inquietantes.

Será útil começarmos pelo acesso aos bancos de dados. Distinguem-se aqui – como é sabido – dois tipos: o primeiro (denominado *seqüencial*) permite localizar um dado após a "leitura" de todo o percurso precedente; enquanto o segundo (o *direto*) possibilita a imediata visualização da informação, mediante uma pesquisa por meio de palavras-chaves.

Ambos os tipos de acesso podem ser encontrados já na tradição clássica: ao acesso de tipo seqüencial correspondem, por exemplo, as construções mentais dos retóricos (capazes de uma memória narrativa, e, por conseguinte, linear); enquanto ao acesso direto reportam-se as arrojadas invenções de Camillo e Bruno. É mister repetirmos que, não obstante as aparências, essas soluções de recuperação mnemônica (anamnéstica, no sentido aristotélico) não são as únicas possíveis; não obstante sua funcionalidade e capacidade operativa, que as tornam soluções privilegiadas, permanecem como opções teórico-técnicas. Embora seja difícil imaginarmos outras hipotéticas soluções de arquivamento, todavia é possível atentarmos para como as técnicas informáticas (e ainda antes as retóricas) são capazes de modificar a relação memória pessoal/texto ou memória pessoal/mundo. Para tanto, é suficiente imaginarmos a leitura de um texto orientada por um *viewdata* ou por um teletexto: no primeiro caso a informática, aliás, o texto da informação apareceria desligado do cotexto e do contexto no qual originariamente se situa; no segundo, seria selecionado num esquema ramificado onde cada escolha exclui prioritariamente a outra do mesmo nível, à qual não podemos recorrer concomitantemente. As observações teóricas sobre os processos de memorização humana na leitura mostram, ao contrário, capacidades diferentes de contemporaneidade e coordenação, fundadas, não na simples *sucessão* de contigüidade, mas em afinidades não redutíveis a simples palavras-chaves[9].

Transportado para o nosso horizonte, o problema parece ser o seguinte: a capacidade informativa das memórias espacializadas e traduzidas baseia-se em competências limitadas por parte do "leitor"; essas competências reduzem-se ao conhecimento dos objetivos e das técnicas de acesso à informação propriamente dita. Em relação ao habitual conhecimento experiencial do mundo, menos linear e funcional, porém mais articulado e analógico, os sistemas mnemônicos parecem trabalhar em condições de substancial "miopia" cognoscitiva, ou seja, de compreensão de soluções operacionais limitadas. E é exatamente essa "miopia" cognoscitiva que, somada à evidente espacialidade do percurso anamnéstico, sugere uma ulterior clave de leitura

---

9. "Todos os livros que li formam em mim uma biblioteca. Não, porém, bem ordenada, os volumes não estão em ordem alfabética, não existe catálogo. E todavia é exatamente assim, uma memória na qual se acumulam as minhas leituras. (...) Esse armazém não se limita ao meu saber consciente: a menos que tenha feito um diário de todas as minhas leituras, pode ser que aquela que mais significou para mim seja a que me escapa à lembrança. (...) Além do que, é necessário corrigir o ponto de vista dos antigos: o conjunto das minhas leituras não constitui a minha memória mas sim o meu sintoma, não é tanto os livros que sublinhei, que marquei com meu nome e de que me apossei, quanto aqueles que me marcaram e ainda me possuem. É através deles que leio, que recebo o livro novo" (Barthes-Compagnon, 1979, 189).

dos sistemas memoriais clássicos e contemporâneos: o labirinto[10]. "Algoritmo míope" (Eco, 1983; Rosenstiehl, 1979), é assim chamada pela labirintologia moderna a solução operacional que permite percorrer todos os corredores e cruzamentos de um labirinto de qualquer tipo. A miopia consiste (exatamente como nos sistemas memoriais) na necessidade de o viajante deslocar-se sem ter a compreensão global do espaço dentro do qual se encontra.

Sistemas memoriais de acesso direto e de acesso seqüencial repetem substancialmente a proposta dos labirintos: também nesses casos trata-se de deslocarmo-nos (física ou metaforicamente) dentro de estreitos corredores, se possibilidade de captarmos relações durante o trajeto ou – muito menos – de nos colocarmos acima do sistema para dele visualizarmos a planta e o segredo do conjunto. No caso do sistema de acesso direto, podemos falar de labirinto unicursal[11]: o objetivo é atingível desde o início, e os erros não são possíveis (salvo o possível engano na autoposição do próprio objetivo). Vice-versa, no caso do sistema ramificado, onde estamos diante de um *Irrweg*[12], conjunto dotado de cruzamentos múltiplos, de um só caminho aberto e de muitos caminhos fechados. Curiosamente, a única forma que não se repropõe, pelo menos do ponto de vista do acesso, é a do rizoma (ou da rede)[13], dentro do qual os ramos possíveis são infinitos. Faz-se aqui necessário dar um último

---

10. Sobre a figura do labirinto e seus significados consultar Eco, 1983, 52-80; Rosenstiehl, 1979. Para a história do labirinto de um ponto de vista antropológico ver Kern, 1981, e Santarcangel, 1984.

11. O labirinto unicursal é "constituído de uma só linha, num determinado sentido, de um só corredor e de um cruzamento *cul-de-sac* em cada extremidade" (Rosenstiehl, 1979, 12).

12. "O *Irrweg* propõe escolhas alternativas, todos os percursos levam a um ponto morto, exceto um, que leva à saída" (Eco, 1983, 77).

13. Sobre o rizoma cf. Deleuze-Guattari, 1976. A figura do sistema "ciclomático" (cf. Rosenstiehl, 1979) aplica-se à arquitetura do sistema, se não à sua leitura: para o arquivista, antes da estruturação do sistema, os percursos possíveis são múltiplos, se não infinitos.

passo significativo. Rosenstiehl mostrou (cf. Rosenstiehl, 1979) que parte do fascínio da construção labiríntica consiste na divergência de conhecimento existente entre o arquiteto e o viajante, entre Dédalo e Teseu: para o primeiro a construção é um edifício sensato e tipologizável; para o segundo, um mistério interpretativo. Ao longo desse fio sutil, passa a diferença entre sistemas de memorização antigos e modernos (mais uma vez representa Bruno, fisicamente, esse ponto de cesura-conjunção): nos primeiros, arquiteto e viajante identificavam-se, e a identidade das figuras permitia ao retórico o domínio do próprio labirinto pessoal, cujo conhecimento não era assim tão "míope", pelo contrário, fundava-se na centralidade do viajante e do seu desejo de conhecimento. Nos segundos, vice-versa, a distância entre arquiteto e viajante-leitor torna-se a miopia da viagem essencial e significativa: oprimido dentro das exíguas medidas dos corredores, limitado pelas encruzilhadas obrigatórias e pela convencionalidade dos símbolos-chaves, o usuário experimenta o mundo como uma sucessão de fragmentos, cujo conjunto jamais é por ele captado.

A metáfora da entrada, à qual na abertura deste capítulo nos fiamos para a apresentação do acesso a um arquivo, assume, assim, um novo e mais radical significado: mais claro (e mais inquietante) é o sentido do lugar fechado no qual alguém penetra; mais iluminada se torna sua configuração. Os acontecimentos da memória ocidental, espacializada e traduzida em signos num determinado suporte, levam bem mais além as conclusões de puro caráter histórico, rumo ao limiar da interpretação: o resultado (pelo menos parcial) ao qual o percurso parece levar é o da construção de uma arquitetura coerente mas unilateralmente percorrível, que desenha nas suas volutas o saber do mundo, articulado em dados e informações. Mas esses dados e informações traçam um universo reduzido e reinterpretado (diríamos, na medida da memória), cujo norteamento é certo e ao mesmo tempo duvidoso, e cuja parcialidade é o indício da impossibilidade de nos libertarmos da leitura pessoal e digressiva. Dizer que os sistemas de arquivamento informático e telemático estão edificando o labirinto global é mais do que uma simples analogia: se Bruno sonhou em descobrir num sistema de memória a imagem do mundo a informatização global do conhecimento tende a construir um mundo à imagem de um sistema mnemônico completo e absoluto; um mundo labiríntico, porque sua percorribilidade é dirigida por normas míopes, que em seu interior não objetivam uma visão global, mas apenas o mito borgesiano da viagem infinita[14].

14. Aqui penso naturalmente no Borges de *A Biblioteca de Babel* (em Borges, 1944) e na imagem da repetitividade infinita e pluridimensional.

2. A IMAGEM E O AMULETO

There is a time for the evening under starlight,
A time for the evening under lamplight
(The evening with the photograph album).
Love is most nearly itself
When here and now cease to matter.
Old men ought to be explorers

(T. S. Eliot, *Four Quartets*, "East Coker", V, 26-31.)

2.1. A Imagem-Realidade

Percorrendo a história dos arquivos (e foi o que pretendemos sugerir no decorrer do primeiro capítulo), salta aos olhos a estreita relação que estes parecem manter – ao menos em alguns momentos "fortes" – com a imagem, entendida como sinal evocativo da realidade. As *imagines* dos retóricos, as da tradição dominicana ou as do teatro camilliano, as figuras de Bruno – desempenhavam no âmbito dos sistemas mnemotécnicos um papel de maneira alguma secundário em relação à estruturação labiríntica do percurso. Essa importância fundamentava-se, naturalmente, na ligação privilegiada que o ícone mantém com o objeto do qual é signo, ligação que sempre se constituiu em fonte de problemas e preocupações para os estudiosos. O momento atual, todavia – mesmo na fiel retomada e reelaboração de uma lógica arquivística perfeitamente coerente com a lógica mnemotécnica ocidental –, parece estar marcando um novo ponto de chegada no que concerne à imagem, como se a sociedade dos arquivos tendesse mais a suplantar ou pelo menos a integrar a sociedade icônica, do que a ela sobrepor-se *tout-court*.

Antes de explicitarmos os contornos desse problema, talvez seja útil reconstruir rapidamente a lógica da imagem que através dos séculos foi se associando e expandindo em harmonia com a dos sistemas memoriais. Observaremos antes de mais nada que duas parecem ser as dinâmicas da imagem pré-industrial: à primeira chamaremos de aspecto metafórico, à segunda, de aspecto metonímico[1].

O aspecto metafórico da imagem (o que por longos anos alimentou a questão do *iconismo*) consiste no seu caráter de signo analógico, isto é, ligado ao seu objeto por uma semelhança qualquer. Deixaremos de lado o debate (para tanto cf. Bettetini, 1971; Eco, 1975) entre os fautores do naturalismo icônico (que sustentam como real e natural a analogia entre signo e objeto) e seus adversários convencionalistas (para quem a similitude é fato antes de tudo cultural, e por conseguinte, de maneira alguma fundado na naturalidade): o que interessa, mais que tudo, é observar como na maioria dos casos o problema da semelhança sempre foi intuído como eixo da produção imaginal. Dois antigos

---

1. Para a distinção semiótica entre metáfora e metonímia ver Jakobson, 1963, em particular o ensaio "Dois Aspectos da Linguagem e Dois Tipos de Afasia". Distinções análogas estão presentes em Grande, 1984.

exemplos talvez possam bastar para confirmarmos essa tese; o primeiro (narrado por Plínio na sua *História Natural*) é o mítico episódio de Zêuxis e Parrásio, os dois pintores que – enfrentando-se numa aposta – fixaram a questão da supremacia sob um prisma meramente *realístico*: se um conseguiu, com a refinada reprodução de um cacho de uva, enganar alguns pássaros, o outro pôde proclamar-se vencedor por haver enganado o seu próprio antagonista com a imitação perfeita de um cortinado. O segundo exemplo é oferecido pela tese antiartística de Platão na *República* (Livro X), no qual o valor da arte é desacreditado exatamente por ser ela imitação das coisas que, por sua vez, são imitação das Idéias. Em ambos os casos, a função mimética da imagem não padece discussão, e o contraste ocorre somente num plano superior: isto é, se essa mimese deve ser entendida positiva ou negativamente.

O aspecto da imagem que chamamos de metonímico, deve ser procurado alhures, nas concepções animísticas ou mágicas que desde sempre permeiam as culturas orientais, e com as quais o Ocidente amiúde entrou em contato através de intrincados percursos históricos; os jogos de sombras do *Wayang* de Java (cf. Morin, 1956, 30), ou os dos mistérios gregos que talvez tenham inspirado exatamente o Platão da *República*[2], as antigas lendas chinesas sobre a capacidade de certos quadros de atraírem inexoravelmente para dentro de si os seus autores[3], as misteriosas práticas graças às quais os magos persas afirmavam poder animar as estátuas das divindades com o *spiritus* dos próprios deuses (cf. Yates, 1964), são todas expressões, mais ou menos acabadas, da mesma intuição. Essas concepções consideram a imagem conexa ao objeto representado, mediante uma re-

---

2. Cf. a comunicação de Jean Przylinsky ao Congresso Internacional de Estética de Paris em 1936 (recensão feita em Morin, 1956, 30). Sobre *Wayang* cf. também Marchianò, 1985.

3. Entre as muitas versões do acontecimento (encontra-se uma citada em Balasz, 1930), a mais acessível talvez seja a reelaborada por Marguerite Yourcenar (Yourcenar, 1968).

lação de compenetração, graças à qual lhes é possível, com o apoio no signo, atuarem sobre o objeto denotado. Observa Morin que o tema da compenetração entre humano e natural, entre micro e macrocosmo, compõe a base de todo saber mágico, e constitui o verdadeiro mito de toda prática teúrgica (cf. Morin, 1970): essa posição parece amplamente confirmada pelos tratados do gênero que exerceram grande influência nos nossos predecessores renascentistas. Um dos mais famosos tratados de arte mágica da história, por exemplo, o *Picatrix* (obra de origem árabe, que remonta provavelmente ao século XII), asseverava que a magia consiste em capturar o influxo do *spiritus* e canalizá-lo para dentro da matéria (cf. Yates, 1964). O tratado indicava como meios aptos a tal escopo os talismãs, ou seja, *imagens* astrais impressas em material *ad hoc*. A obra influenciou grandemente uma figura historicamente central, Marsilio Ficino, que, de fato, aderiu completamente à crença do amuleto: "Por que então – escreve no seu *De Vita Coelitus Comparanda* – não plasmar uma imagem universal, isto é, uma imagem do próprio universo? Com ela poder-se-ia pensar em obter muitos benefícios" (cit. em Yates, 1964, 89). O que se evidencia na noção mágica do talismã-imagem é que, neste, o aspecto metonímico parece remover, se não até mesmo cancelar o metafórico: a semelhança icônica entre signo e objeto torna-se indiferente no confronto com a relação de compenetração.

Para entendermos ainda melhor esse ponto, basta-nos recordar a descrição que o próprio Ficino faz do talismã (*imagem*) universal: este é um objeto, provavelmente de pequenas dimensões, construído de latão, ouro e prata, pintado com as cores consagradas ao Sol, a Vênus e a Júpiter (cf. Yates, 1964). Como bem se vê, nada de "icônico"; o segredo do amuleto consiste na sua capacidade evocadora, relativa não tanto à semelhança, quanto à sua homogeneidade com o substrato animístico do próprio universo. Ao refletirmos sobre os sistemas mmemotécnicos do Renascimento, não podemos deixar de pensar que a *imago* assistia a uma arrojada síntese entre o aspecto metafórico e o metonímico:

cada figura representava uma parte do universo, mas dele estava também compenetrada, e exatamente por isso, sistemas como o camilliano ou o bruniano podiam pretender levar a um conhecimento completo e perfeito do mundo, ali onde recordar e compreender tornavam-se uma só coisa. Yates (cf. Yates 1964), aliás, indicou explicitamente que a característica fundamental do pensamento de Giordano Bruno consiste exatamente na identificação de imagens de memória (de per si metafóricas) com imagens talismânicas (metonímicas), identificação esta suscetível de conferir ao filósofo-mago um conhecimento e um poder universais.

Difícil, neste ponto, é deixarmos de ressaltar que a imagem técnica nasce na sociedade industrial com essa herança incancelável[4]: porventura não é a fotografia já um signo fortemente indexal, no qual a existência passada do objeto, ou mesmo a presente, compenetra a simples referência do ícone?

Signo metafórico, signo metonímico; já Baudelaire admitia que a fotografia (à qual, no entanto, negava pretensões artísticas) fosse capaz de conservar os objetos transitórios dignos de um lugar nos "arquivos da nossa memória" (cit. em Kracauer, 1960, 76). A instância realística da fotografia, sua relação metonímica com o real que armazena, redescobre, portanto, o tema da conexão mnemônica: uma imagem é signo de um objeto porque o figura, mas é imagem porque dá testemunho de sua presença, e na condição de testemunha de existência, serve de suporte para a lembrança. A força do poder evocativo da fotografia aumenta na proporção inversa e em relação à transitoriedade do objeto representado: se a tradição clássica da imagem havia encontrado o seu ápice na figuração eterna de um objeto inalienável do tempo, o ícone fotográfico deve seu fascínio à possibilidade de conservar o transitório, e remonta por conseguinte a instintos ainda mais antigos (Bazin

---

4. Sobre as raízes filosóficas da evolução da imagem técnica cf. Perniola, 1980.

fala, a esse propósito, de complexo da múmia) (Bazin, 1958, 62).

Mais a foto fala do real, mais lhe conserva as características; para Kracauer a atitude fotográfica exprime-se em quatro propriedades fundamentais: afinidade com a realidade imediata isenta de artifícios, acentuação dos elementos casuais, evocação da idéia da falta de limites, tendência ao desorgânico e ao difuso (cf. Kracauer, 1960).

E não distante dessa leitura ultra-realista está a hipótese do semiólogo Barthes, quando, alguns decênios após Kracauer, fala a propósito da foto de *studium* e de *punctum* (cf. Barthes, 1980). O *studium* é o percurso que a imagem preestabelece para leitura, o deslocamento do já-acontecido, do já-sido. Aceitar o *studium* significa reconhecer na origem da foto a realidade que ela reproduz, deixar-se levar para dentro de uma lembrança concretizada e bloqueada pelo ícone. O *punctum*, em contrapartida, é o comparecimento do casual, do inesperado, e como tal conduz para além do *studium*; mas esse *além* ainda é o real, que se deixou ocasionalmente impressionar. De novo, a fotografia encontra na sua verdadeira ou pressuposta casualidade a primeira razão do seu próprio realismo e da sua própria força evocadora. Casual é também a ocasião que se oferece ao protagonista de *Blow-Up* (1966) – o filme de Michelangelo Antonioni que pode ainda hoje ser considerado a mais significativa *summa* da reflexão crítica sobre o valor conservativo da fotografia – de imortalizar, juntamente com um grande parque londrino, os indícios inequivocáveis de uma trama delituosa. O homem, fotógrafo na onda da era *beat*, reconstrói no laboratório, através de sucessivas ampliações e aproximações, o perfil de um cadáver, que depois conseguirá até mesmo encontrar. Lotman, que dedicou ao filme de Antonioni páginas penetrantes, pôs em evidência os mecanismos através do quais a fotografia se vai compondo, no filme, como um documento completo (Lotman, 1972, 123-132). A continuação da estória – bem conhecida – constitui todavia uma ocasião de reflexão ainda mais preciosa: o cadáver desaparece, bem como as imagens-provas, exaustivamente elaboradas; ao fotógrafo-inquisitor não resta mais que aceitar como verdadeiro um mundo de ficções, simbolizado por uma brincadeira de garotos-*clowns*.

Está todo aqui o paradoxo da fotografia: a presença do objeto que ela atesta *é passada*; sua relação metonímica com o real submete-se naturalmente à lei do tempo. A imagem fotográfica assemelha-se, na sua qualidade de índice, à luz das estrelas mais distantes, cuja vida pode já ter findado há milênios no momento em que nossos olhos a avistam: se a presença do objeto representado num instante qualquer já passado é certa, já sua existência atual só pode ser objeto de conjecturas, e talvez exatamente nisso resida a força tão pungentemente evocadora da fotografia. A análise, aqui, torna-se inútil. Todo leitor pode, à sua discrição, pensar no papel que, na sua vida e na sua lembrança, desempenham certas imagens fotográficas, imagens de ausentes ou de desaparecidos, ou de nós mesmos, quando o tempo nos via diferentes e mais jovens, mais distantes da morte.

Ora, é importante compreendermos que justamente esse paradoxo da fotografia constitui também o seu fascínio e sua mais concreta ligação com a questão da memória: enquanto incindivelmente ligada ao passado de um objeto, à fase anterior à sua perda ou à sua transformação, a imagem fotográfica é principalmente *lembrança materializada*. A relação mnemônica com o objeto transforma-se em relação metonímica com a imagem mnemônica desse objeto, e a função mágica do ícone, distanciando-se da simples representação presencial, torna-se uma função de conservação, de subtração à deteriorização.

O uso social da fotografia confirma e ratifica essa análise: no universo pessoal e familiar, antes de mais nada, onde está o passado do indivíduo que irá ser bloqueado e reconstruído em álbuns, diários, ou em simples gavetas desarrumadas, repletas de instantâneos. Aqui a função memorial é garantida pela identidade entre quem realizou a foto e quem a olha ou a conserva, identidade que Barthes teria provavelmente qualificado como acidental coincidência entre *operator* e *spectator* (cf. Barthes, 1980), e por conseguinte entre duas perspectivas diferentes da relação com o real.

Mas a questão é – se possível – ainda mais complexa: o álbum de família, a coleção pessoal de imagens do mundo é uma primeira, elementar exteriorização da própria lembrança, uma objetivação das próprias funções memoriais que leva ao caminho do arquivo e da sua lógica armazenadora.

A utilização e a comercialização coletiva da fotografia acentuam o caráter arquivístico da memorização icônica, levando-a às extremas conseqüências: com um paradoxo apenas aparente, Bettetini pôde falar de "fotografia e desaparecimento do mundo"(Bettetini, 1981, 105), salientando como a nova arqueologia fotográfica tende curiosamente a deixar para trás o presente, como se já fosse parte do passado, no próprio ato do seu registro. Se nos seus primórdios a *imago* fotográfica dava testemunho de um mundo preexistente, hoje parece mais e mais pretender arrogar-se a exaustividade da documentação, quase como se o mundo existisse somente graças à sua força evocadora: livros, exposições "cultas" e práticas mais populares, como a foto publicitária e o cartão-postal, não brincam mais de repropor o mundo, mas de escondê-lo e substituí-lo, exigindo amiúde que se adapte às perspectivas e cores por eles propostas. Impossível não lembrarmos a afirmação barthesiana: "Todas as fotos do mundo formavam um labirinto" (Barthes, 1980, 74), observando ao fazê-lo que o tema do labirinto e do seu fechamento volta também, através do mundo da imagem, a cobrir o mundo do arquivo. Também aqui, onde a estaticidade da fotografia e o dinamismo do mundo encontram um paradoxal ponto de contato na lembrança exteriorizada do homem, o armazém da realidade transforma-se numa complexa caverna pintada, onde a entrada não garante necessariamente a saída.

2.2. *O Catálogo Móvel*

Depois da fotografia o cinema. Mas digamos logo que aqui não poderemos aceitar o pressuposto um tanto idealista do qual parecem igualmente participar todos os adeptos históricos do realismo: dentro da perspectiva arquivística o cinema *não é* a evolução natural da fotografia, e portanto nem sequer a completa.

A reflexão teórica freqüentemente viu na imagem móvel um *plus* em relação à imagem estática, na sua adequação ao real: se o mundo é um contínuo transformar-se, o cinema, como reprodução do movimento, leva às últimas conseqüências o realismo fotográfico porque reproduz, além das formas, o seu mover-se ininterrupto[5]. Ainda assim, há uma coisa que a sétima arte perde ao confrontar-se com seu precedente histórico, e que só a muito custo conseguirá parcialmente recuperar através da atuação de determinadas práticas sociais: o fato de dar testemunho.

Vimos que o atestar a existência passada do objeto é unanimemente considerado um dado essencial da fotografia. Isso equivale a dizer que no texto fotográfico o aspecto de *testis* (testemunho) prevalece sobre o de *textum* (tecido, organização coerente) e que o segundo, por mais forte e evidente que seja, baseia-se no primeiro. O movimento e a conseqüente deslocação no tempo dão ao texto cinematográfico uma colocação oposta das funções. Aqui é o aspecto de *textum* que prevalece, já que o de *testis* se torna secundário em relação à organização narrativa (a trama, precisamente, que necessita de um tempo de desenvolvimento). Fosse assim, já se teria como evidente a afirmação da superioridade da fotografia dentro da perspectiva arquivística em relação ao texto cinematográfico ou fílmico. Mas embora isso seja verdadeiro do ponto de vista essencial, é igualmente indubitável que o desenvolvimento do cinema e sua história assistiram a uma contínua dialética entre as duas instâncias (*testis* e *textum*), e que no fim das contas o aspecto de conservação ordenada acabou prevalecendo.

Observaremos dois grandes níveis de afirmação do filme como *testis*: o esforço de adequação da percepção fílmi-

---

5. Acerca do realismo e da impressão de realidade no cinema ver Metz, 1968, 31-45.

ca à percepção experiencial comum, e a transformação do texto fílmico em objeto de conservação.

Comecemos pelo primeiro ponto. Podem aí ser reconhecidas duas instâncias diferentes: a documentarística, que tende a cancelar a dimensão narrativa em favor de um zeloso testemunho do mundo: e a técnica, que desinteressando-se, via de regra, da dimensão narrativa, trabalha no sentido de adequar a imagem como tal ao objeto reproduzido.

É evidentemente impossível traçarmos aqui uma história – mesmo sintética – das duas instâncias. Limitar-nos-emos, portanto, a algumas observações, visando a evidenciar como ambas devem continuamente entrar em acordo com a dimensão de *textum* do filme, vendo-se amiúde diante de conseqüências e resultados opostos àqueles desejados.

A instância documentarística[6], como podemos observar, data dos primeiros experimentos dos irmãos Lumière (se bem que, como é sabido, a contraposição entre tais experimentos e a prática "imaginária" de Méliès já não seja mais de todo sustentável; cf. Ferrero, 1978): trata-se de registrar fatos o mais neutramente possível, sem apor modificações subjetivas. Trata-se, em suma, da percepção do cinema como fotografia em movimento, na qual a sucessão dos fotogramas restitui ao real aquela dimensão temporal que a estaticidade fotográfica lhe havia "roubado". Naturalmente o desenvolvimento da montagem, a elaboração dos "truques" e mais tarde dos efeitos especiais, o incremento da consciência da "subjetividade" da perspectiva do texto fílmico modificaram paulatinamente o panorama do documentário: se dele Flaherty redescobriu a narrativa (cf. Giammatteo, 1978; Bettetini, 1971), se Ivens nele evidenciou a dimensão sobretudo moral, dentro da qual o testemunho é antes de mais nada exigência ética e política (cf. Ivens), se o neo-realismo italiano dele se serviu com espírito polêmico contra o cinema de evasão e de não-engajamento do período fascista

---

6. Sobre a noção específica de filmedocumentário ver a *Enciclopedia dello Spettacolo*, Le Maschere, Roma, 1979, no verbete "Documentário", além de Bernagozzi, 1979.

(cf. Bettetini, 1975, 207-212), não faltou quem, no último decênio, distorcesse a fidelidade do documentário ao real, utilizando-o como gênero, mas questionando sua fidelidade ao mundo, num pirotécnico jogo de verdade e mentira. Penso aqui, evidentemente, no trabalho cinematográfico de Welles e de Allen, que em mais de uma ocasião atingiram resultados surpreendentes até mesmo em nível teórico, exatamente quando refletem sobre os cânones e instrumentos do filme-testemunho[7].

No que tange, em contrapartida, à adequação técnica ao real, basta-nos repercorrer a história do cinema para encontrarmos na passagem do mudo para o sonoro, do preto-e-branco para o "colorido", e do formato tradicional para o cinerama, outras tantas tentativas de se restabelecer uma percepção realista do mundo. Se a instância documentarística parece materializar o realismo "ontológico" ou material de um Bazin ou de um Kracauer, para os quais a conexão entre mundo e imagem é um fato estrutural e inegável, com o qual só há que nos conformarmos narrativamente, já a instância de adequação técnica parece mais próxima dos teóricos da "impressão de realidade", para os quais a adequabilidade da imagem ao real é simplesmente um deslumbramento perceptivo, a ser ratificado ou desmentido (cf. Münsterberg, 1916; Metz, 1968; Lotman, 1972, 28-41). Eis que então as telas circulares, as tentativas de tridimensionalidade e os experimentos com o som de muitos filmes "catastróficos" assumem um novo valor nessa perspectiva: trata-se de aproximar o filme do mundo, imitando os fatos deste com as ilusões daquele. Mas, também aqui, o esforço de adequação transforma-se às vezes no seu contrário: pensemos no hiper-realismo em que a Zoetrope foi mestra (*O Fundo do Coração*[8] de Coppola); pensemos no uso dos efei-

---

7. Aqui penso sobretudo em *F for Fake* de Orson Welles (França Alemanha, 1975, título no Brasil: *Verdades e Mentiras*), e em *Zelig* de Woody Allen (EUA, 1983). A propósito do primeiro filme, cf. Tinazzi, 1984; sobre *Zelig*, cf. Colombo, 1984a.

8. *One from the Heart*, EUA, 1983.

tos especiais não mais para imitar, e sim para construir novas realidades além da percepção (os filmes de Lucas e Spielberg); pensemos, enfim, no esforço de documentar não mais uma realidade exterior mas prevalentemente uma realidade psicológica, interior (os efeitos da droga em *Sem Destino*[9] de Hopper, ou em *Viagem Alucinante*[10] de Russel).

Também a adequação técnica ao real, tanto quanto a instância documentarística, parece historicamente ameaçada por constantes sintomas de crise: discute-se – no fundo – a confiabilidade do testemunho, sua veridicidade ou adequabilidade. Poderíamos dizer que a correspondência entre a percepção fílmica e o mundo não consegue firmar-se de todo, e que nesse âmbito sequer a evolução produtiva garante o filme como *testis*.

As coisas parecem caminhar de modo diferente no tocante ao segundo nível acima mencionado, relativo à transformação do texto fílmico em objeto de conservação. Tentou-se, aliás, afirmar que exatamente aí é que o cinema redescobre sua vocação de imagem do mundo, ainda que num sentido totalmente peculiar.

Comecemos por observar que nesse nível, não está mais em jogo tanto a atendibilidade da testemunha, quanto sua incolumidada física, sua reconhecibilidade social. O que conta, na conservação de um filme, não é tanto que ele fale deste ou daquele fato, mas sim que o próprio filme exista e continue a existir, no tempo e no espaço, que se torne, em suma, memória de si mesmo, e vença o possível esquecimento.

Toda a máquina cinema, desse ponto de vista, está impregnada de uma instância conservativa: por um lado determinadas práticas produtivas parecem instituir alguns textos como pontos de referência de filiações seriais; por outro, a própria fruição, amiúde, orienta-se na direção de fenômenos de celebração de um filme que têm como conseqüência direta a transformação deste em algo literalmen-

---

9. *Easy Rider*, EUA, 1969.

10. *Altered States*, EUA, 1980.

te *inesquecível*. No âmbito das práticas produtivas, não é difícil interpretar os *remakes*, as paródias, os *retakes* e talvez os próprios gêneros, como índices da existência de um filme original, quase um mítico texto-base cuja visão passada é necessária para a compreensão articulada daquilo que se frui no presente. O *Nosferatu – Vampiro da Meia-Noite*[11] de Herzog compreende e salva em si a memória do filme homônimo de Murnau[12], *O Jovem Frankenstein*[13] de Mel Brooks é insignificante sem o *Frankenstein*[14] original de Whale, cujos cânons são cuidadosamente subvertidos; os infinitos *retakes* de *Sete Homens e um Destino*[15] remetem explicitamente ao filme original de Sturges, tanto quanto este último remete a *Os Sete Samurais*[16] de Kurosawa. *Remakes*, paródias, *retakes* são, portanto, recordações, memórias de um texto que não deve cair no esquecimento[17].

No âmbito da fruição, ao contrário, são os festivais e as retrospectivas que representam os fenômenos mais interessantes de ratificação de um filme como *testis*. A esse propósito, teríamos, talvez todo o direito de usar um termo cunhado por Bettetini: *atestação*[18]. A atestação é exatamente a aceitação social de um texto como entidade testemunhal e por conseguinte unitária: e o que há de melhor para lançar um filme no universo das obras que não poderão (e, em alguns casos, não deverão) ser esquecidas, do que a participação num festival? E o que, mais que uma retrospectiva,

---

11. *Nosferatu*, França-Alemanha, 1979.
12. *Nosferatu*, Alemanha, 1922.
13. *Young Frankenstein*, EUA, 1974.
14. *Frankenstein*, EUA, 1931.
15. *The Magnificent Seven*, EUA, 1960.
16. *Sichinin no Samurais*, Japão, 1954.
17. Sobre o funcionamento do *remake* como máquina memorial cf. Colombo, 1984b.
18. A noção de atestação foi proposta por G. Bettetini na sua comunicação introdutória ao convênio de Urbino, 1984 (16-17 de julho), dedicado à "Incerteza do Texto".

materializa o filme em recordação atestada, isto é, não esquecida?

Ao lado desses fenômenos é mister que se situe, e talvez em posição privilegiada, o *cult-movie*, ou seja, o filme transformado em objeto de fruição quase sagrada. Estamos nas proximidades do fenômeno divístico, e todavia, de certo modo, dele ainda estamos distantes, porque se o "astro" é antes de tudo objeto de projeção e, em alguns casos, de identificação, já o *cult-movie* requer uma participação de tipo intelectual-mnemônico, muito próxima àquela típica da criança em relação à fábula. Eis-nos, novamente, em presença de uma *atestação*, se possível ainda mais complexa do que a que manifestam e ratificam os festivais e retrospectivas: o que se quer manifestar na fruição fetichista do filme-objeto-de-culto é, de fato, o seu contínuo renascer a cada nova fruição. A recordação torna-se repleta de valências mágico-cabalísticas, cujo signo mágico e seu referente identificam-se paradoxalmente. Re-ver e re-viver tornam-se assim uma coisa só[19].

Embora a instância conservativa seja de algum modo intrínseca ao cinema como máquina social, não é todavia possível esquecermos outro aspecto dela que hoje em dia parece estar assumindo um papel cada vez mais relevante: o de conservação filológica e arquivística do filme como bem cultural (Costa, 1982).

Antes de mais nada a filologia fílmica, ou seja, a individuação dentro de um dado filme das omissões, interpolações e alterações[20] que o distanciam do seu original (curioso original cuja essência específica é a de ser puro "negativo", ou, no máximo, cópia, segundo as regras da produção industrial de massa). Nesse caso o texto "receptus", ou seja,

---

19. Uma espirituosa síntese de *remake*-paródia e do espírito de *cult-movie* é o filme de Woody Allen, *Sonhos de um Sedutor* (*Play it again Sam*, EUA, 1972), no qual o filme-objeto é *Casablanca* de Michael Curtiz (EUA, 1942).

20. Sobre a filologia fílmica veja-se a contribuição de Farassino, 1982.

aquele texto inicial com base no qual se desenvolve o trabalho, é ao mesmo tempo um texto e a lembrança de outro texto, isto é, um *textum* cujo ser *testis* reduz-se à transparência mais ou menos velada em relação a um *textum* que é também *testis* de si mesmo (o original, propriamente dito). Para reutilizarmos o termo empregado anteriormente, o texto "receptus" é um texto ao qual falta a *atestação*, uma vez que encarado como simples ponto de passagem para chegar ao "verdadeiro" texto. Como tal, é antes de tudo lembrança, e só em segunda instância, objeto cultural.

Diversa é a lógica do arquivamento, para a qual entre um texto-base e as suas sucessivas reelaborações nada garante que se deva sempre escolher o primeiro e somente o primeiro, visto que tais reelaborações têm sua própria dignidade específica e seu próprio interesse histórico. No caso, o que conta é a conservação do filme como documento (como um livro, uma peça museológica e assim por diante), além do seu armazenamento racional e ordenado (que sentido tem transformarmos o mundo em arquivo se não passamos do *caos* dos fatos ao *cosmo* das suas recordações?). Eu diria que na cinemateca, na midiateca – e antes ainda, nos catálogos das casas distribuidoras e produtoras, e nas coleções e colações particulares – o filme sempre se transforma em auto-recordação e automanifestação, em objeto sincrético que, como tal, deve ser salvo (cf. Cherchi Usai, 1985). Justamente esta última instância, entre as muitas e complexas que até aqui explicitamos, parece hoje ser significativamente dominante: o arquivamento do fenômeno social confiado a instituições transformou-se em prática pessoal e individual, com clamorosos efeitos também econômicos. A praxe da videogravação dos filmes, o complexo mercado oficial, oficioso e clandestino, produziram fenômenos até ontem impensáveis e surpreendentes gêneses de arquivos privados mais ou menos racionais, mais ou menos críticos e conscientes. Através da televisão como "cinemateca de todos", estamos retornando à formação de inúmeras cinematecas particulares que reproduzem paradoxalmente os critérios (ou a falta de critérios) das mais clássicas e respeitáveis instituições conservativas.

Podemos, decerto, pensar em efeitos mais ou menos controlados da evolução técnica e da oferta televisiva e cinematográfica, mas permanece o fato de que a televisão é fonte de gravação sobretudo de filmes, e que os próprios filmes são freqüentemente objeto, após a gravação, de trocas e repolimentos parafilológicos amiúde de características obsessivas.

No presente trabalho preferimos, decididamente, optar por uma outra hipótese interpretativa. Talvez o nível de conservação do filme como objeto de arquivo e por conseguinte de memória (memória paradoxal, porém, na qual a lembrança é signo de si mesma) ocupe e substitua um outro nível, o da (falha) adequação da imagem em movimentos ao real. Talvez a lógica da catalogação, posta em substituição à lógica do realismo, corresponda ao complexo da múmia de que falava Bazin: não podendo salvar o mundo, o homem audiovisual contenta-se em salvar alguns documentos (alguns testemunhos) cuja fidedignidade é duvidosa, mas cuja existência e volumosidade são incontestáveis. Esta a lógica subjacente a boa parte da literatura do século XX, dos romances de Roussel[21], às poesias de Prévert[22], até as experimentações de Barthelme[23] ou de Perec[24], em cujo interior o catálogo substitui a narração ou a engloba; é a lógica da arca, dentro da qual não há mais um mundo a salvar, mas apenas simulacros, testemunhas incertas, cuja subsistência queremos garantir a todo custo.

2.3. O Arquivo do Tempo

Em relação às lógicas arquivísticas ou para-arquivísticas que tentamos focalizar no cinema (prevalência da função de

---

21. Veja-se por exemplo Roussel, –.
22. Aqui penso sobretudo em composições como *Inventaire* ("Une pierre / deux maisons / trois ruines / quatre fossoyeurs / un jardin / des fleurs / un raton laveur...").
23. Cf. Barthelme, 1975.
24. Cf. Perec, 1965.

textum sobre a de *testis*; reutilização desta última na prática social como autotestemunho do signo e assim por diante), as lógicas da imagem eletrônica parecem propor um afastamento não indiferente. Também, nesse caso, estamos diante de inovações que não se acham necessariamente na linha do desenvolvimento tecnológico (em que sentido a imagem televisiva, por exemplo, seria filha da cinematográfica?), mas conservam um quadro de conjunto do problema que tentamos focalizar como problema arquivístico da imagem, polarizado em torno da contraposição entre o aspecto metafórico e o aspecto metonímico do signo icônico.

Sob esse ângulo, o fenômeno televisivo assiste a uma nítida prevalência do segundo aspecto em relação ao primeiro: a aderência da imagem ao seu objeto está contida nos estreitos limites da definição, ou seja, do número relativamente baixo de pontos e traços em que o pincel eletrônico decompõe o seu campo de leitura. Decididamente forte aparece, ao contrário, a ligação com o vivido do representado: será útil talvez recordarmos, a esse propósito, que a transmissão "ao vivo" foi por muitos anos o grande mito da televisão italiana e de muitas outras; mito que ainda hoje (talvez por motivos diferentes, mas nem por isso inteiramente heterogêneos) continua vivo; e que significa exatamente um "estar presente" do fato representado (cf. Pratt, Rizza, Violi, Wolf, 1984).

Se a fotografia confiava sua própria função metonímica a um ter-já-sido do objeto que representava, a televisão afirma, com a sua praxe comunicativa, que aquilo que se vê acontece realmente no momento mesmo da visualização. O seu papel de testemunha é assim indiscutivelmente sancionado, a despeito das muitas manipulações que também a transmissão ao vivo permite, e a despeito, sobretudo, do incontestável, ainda que imperceptível salto que separa, no tempo, signo e objeto. A metonímia televisiva é, portanto, algo de absolutamente novo, na sua laicidade substancial: não se trata de ligações mágicas ou de qualquer co-essência ontológica, mas sim do cancelamento de uma distância concreta, através da técnica de transmissão por ondas ou por cabos. A instância filosófico-cabalística em poder do ser através de signos privilegiados deu lugar – em outras palavras – a uma idéia de posse inteiramente tecnológica, ali onde ter significa dominar, e estar no centro do mundo não serve para contemplar o universo, mas para plasmá-lo de acordo com as próprias exigências de uso e (em alguns casos) de exploração.

A televisão concentra em torno de seu espectador o mundo, coloca-o à disposição do usuário e, ao fazê-lo, realiza-lhe o desejo de poderio; trata-se – naturalmente – de uma realização totalmente ilusória, já que a posse do signo não permite crédito algum, no que diz respeito ao *objectum* (cf. Colombo-Vidali, 1981), mas, sem dúvida, esse assunto é secundário no que tange ao campo de interesse deste trabalho. O que importa é que o efeito-realidade da imagem televisiva diferencia-se do da fotografia visto que se fundamenta na contemporaneidade do fato e não no seu "ser-passado"; e diferencia-se também do efeito-realidade do cinema por ser muito mais metonímico do que metafórico, dada a escassa definição que a decomposição em elementos discretos (os *pixel*) está – ao menos por ora – em condições de assegurar.

Esse "específico" torna, como é óbvio, particularmente interessante o papel antiarquivístico da televisão em seus primórdios, quando a transmissão mantém, de fato, a característica efêmera dos eventos, e com estes se consome e desaparece. A falta ou a desnecessidade do suporte de gravação na transmissão ao vivo constitui portanto um elemento de assimilação ulterior do signo em relação a seu referente, e além do mais, evidencia a falta estrutural de uma função mnemônica ou mnemotécnica das primeiras experiências televisivas.

Todavia – como é sabido – a praxe da gravação em suportes magnéticos não tardou a impor-se, ainda que de modo totalmente assistemático no início. Com ela, foi a televisão rapidamente recuperando uma dimensão arquivística, já agora dominada pela arraigada convicção metonímica que tentamos delinear.

Contemporaneamente, as novas necessidades produtivas e organizativas levaram a um sistema de transmissão misto, isto é, programas ao vivo e programas gravados iriam alternar-se segundo precisas exigências do esquema de programação. É nesse ponto (que se situa para as várias televisões, cronologicamente, em coordenadas diferentes, mas que se repete em todas as histórias nacionais da emissão) que o processo de transformação dos programas televisivos em objetos memorizáveis pode dizer-se completamente encaminhado: tem início a criação de arquivos (às vezes simples depósitos) de programas; nasce a exigência de transformar os programas informativos em testemunhos reunidos ordenadamente, a serem utilizados também fora da simples reproposição literal. Assim os arquivos televisivos englobam, freqüentemente, material cinematográfico ou fotográfico, constituindo, de maneira lenta mas regular, um vasto "material de repertório", que nada mais é que um conjunto de imagens-memórias cuja proveniência já não tem nenhuma importância, e cuja única finalidade passa a ser a disponibilidade para utilização em programas de natureza vária.

O nascimento dos arquivos televisivos – estreitamente conexo ao desenvolvimento do mercado da informação – suscita, portanto, novos problemas, justamente pela característica metonímica do meio. Em primeiro lugar, a facilidade do uso da câmera de TV dá azo a que quase todo evento possa ser armazenado: uma "estréia" importante num teatro de ópera, a descida num satélite ou num outro planeta, um evento esportivo que acontece do outro lado do globo, tudo pode aparecer aqui e agora, na telinha doméstica. Se qualquer coisa pode ser vista, a escolha entre as ofertas do mundo não é mais necessária, porque todo evento está já, desde sempre, disponível para ser posto no ar (cf. Colombo-Vidali, 1981).

Em segundo lugar, a reproponibilidade do material gravado (de todo material gravado, independentemente da sua natureza ou do seu valor de troca comunicacional) constitui uma nova relação entre as dimensões experienciais do presente e do passado: é possível imaginarmos uma contínua fruição do material gravado levemente deslocada no tempo em relação à cronologia dos eventos armazenados. Nesse caso, ao presente da fruição corresponderia o passado do evento e ao presente do evento, o armazenamento desde sempre "passado" (porque destinado ao arquivamento e à utilização subseqüente) da gravação. O paradoxal resultado dessa compressão de tempos seria uma espécie de dupla natureza de cada instante, passado e presente juntos: cada momento varia con-temporaneamente o ter-já-sido da gravação e o ser-agora da fruição, por sua vez coincidente com um ser-agora de qualquer novo evento que no ato mesmo de acontecer é compreendido como um ter-já-sido (cf. Bettetini, 1979).

O arquivamento eletrônico é, portanto, antes de tudo, arquivamento do tempo, ou seja, armazenamento do fluir, independentemente dos seus conteúdos. Como toda representação do tempo, o armazém eletrônico, na condição de arquivo, é naturalmente passível de extravio ou de repetição, porque cada signo (cada imagem ou informação) representa, antes de tudo, não um evento, mas o átimo no qual este se deu, e portanto torna os eventos discerníveis uns dos outros somente por sua específica colocação no eixo do devir.

A particularidade metonímica da imagem eletrônica deveria, a esta altura, estar bem clara: baseada na contemporaneidade, move-se ela no interior de uma lógica temporal; como tal revela, sim, uma estreita relação com seu objeto-referente, mas reduz esse mesmo objeto à sua colocação cronológica. O referente primeiro da imagem televisiva como lembrança objetivada torna-se, assim, a pura forma temporal do objeto, no átimo do seu evento e da sua gravação. O iconismo televisivo é, portanto – sempre sob o ângulo da capacidade arquivística e da praxe social correspondente –, um iconismo abstrato, isento de interesse conteudístico.

Talvez agora possa parecer menos estranho o êxito da imagem "leiga" eletrônica, a despeito dos limites de sua força metafórica: o salto que o equipamento televisivo promete em relação ao cinematográfico consiste justamente na garantia, ao menos potencial, da totalidade da gravação, da completa e homogênea cobertura do fluxo temporal. E talvez também aí resida o principal motivo da quase total substituição, no mercado, das máquinas de filmar de formato menor (8mm e Super 8) por aparelhos eletrônicos de gravação em vídeo: para o arquivo de família, o álbum audiovisual das recordações do grupo, a câmera de TV e o videogravador são decididamente superiores, ao menos por dois motivos. Antes de mais nada, garantem (pelas características técnicas e pelo uso social já tão difundido) a continuidade da gravação, isto é, a aderência à "vida". Em segundo lugar, os aparelhos de vídeo, justamente pelo efeito de compressão que exercem sobre o tempo, parecem à consciência comum particularmente indicados para constituírem um arquivo de recordações: como já foi observado, de fato, eles permitem arquivar imediatamente o presente e apresentar (presentificar) o passado justamente como dimensões temporais. Diante do vídeo, as imagens do nosso passado que deslizam e se recompõem na tela do televisor, antes de mais nada não são imagens, são o nosso passado: isto é, essas imagens, ao invés de trazerem até nós as nossas recordações, fazem-nos retroceder no tempo (ou, pelo menos, assim nos fazem crer). Nesse sentido, o filme de família, justamente na sua ritualidade textual (de *textum*), mostra-se decididamente superado pela predominância testemunhal (de *testis*) da gravação em vídeo. O efeito social dessa incessante substituição e afirmação do arquivamento televisivo do mundo é o nascimento de uma difratada e plural ramificação de arquivos a um tempo parciais e totalizantes, que, referidos a uma hipotética hierarquia lógica, podem ser vistos ordenados segundo uma pirâmide em cuja base estão os microarquivos familiares (álbuns audiovisuais), e em cujo vértice se acham os macroarquivos das redes televisivas ou das grandes midiatecas. Porém uma visão desse tipo talvez seja redutiva, porque cada fragmento desse hipotético edifício é constituído pela sua própria parcialidade, e ainda assim pretende (em diferentes níveis) possuir uma exaustividade própria. O centro do paradoxo está, mais uma vez, na essência temporal do instrumento televisivo: na condição de reservatório de conteúdos, cada um desses arquivos tem limites incontestáveis, mas como instrumento de conservação da forma-tempo, cada um deles é (pretende ser) também exaustivamente completo, porque encerra ou pode encerrar todo um passado e presentificá-lo ante nossos olhos.

2.4. A Imagem-Palavra

Comparada à imagem fotográfica e cinematográfica, a imagem televisiva caracteriza-se por uma maior digitalização, ou seja, por uma acentuada conversão em pulsos de caráter não analógico. Se na fotografia e no cinema a película é impressa pela luz, processo pelo qual se obtém de certo modo um verdadeiro decalque da realidade, a tradução em pulsos da *imago* eletrônica é de todo desfavorável ao aspecto metafórico do signo icônico, como já vimos antes. Faz-se necessário agora dedicarmos algumas considerações sobre a evolução que a informática e suas possibilidades gráficas parecem imprimir na gravação televisiva tradicional.

Não é possível – por razões evidentes – enfrentarmos aqui a complexidade dos problemas conexos à imagem eletrônica: esta baseia-se na possibilidade de transmitirmos instruções ao computador de modo a fazê-lo compor no vídeo – ao invés dos costumeiros caracteres alfanuméricos – figuras geométricas e não geométricas, para em seguida multicolorir os *pixel*, isto é, os pontos de que é composto o vídeo de TV.

Limitar-nos-emos, portanto, a enfrentar os temas diretamente conexos ao arquivamento memorial, principalmente dentro da perspectiva em que nos colocamos até aqui para enfrentar a questão da imagem. Os problemas parecem-me fundamentalmente dois: o primeiro é suscitado pela capacidade que têm os sistemas informáticos e telemáticos de converterem em pulsos eletrônicos as imagens realizadas em suportes diferentes e com técnicas heterogêneas. O segundo consiste no novo significado que a imagem – traduzida ou criada *ex novo* – passa a assumir no arquivo informático (Queau, 1986).

No que concerne ao primeiro ponto, a digitalização das fotografias já é comumente indicada como o ponto de chegada obrigatório para a realização de um completo sistema editorial (Carità, 1984). A necessidade de informatizar integralmente os bancos de dados jornalísticos (assim como os de outra natureza) leva de maneira premente à completa assimilação da informação-imagem no contexto das informações-palavras: trata-se de um objetivo de poupança econômica e temporal, conexo à indispensável homogeneização dos meios utilizados. Obviamente a possibilidade de reproduzirem-se digitalmente fotografias com elevado índice de definição depende, em igual medida, do aumento de precisão das telas de vídeo (com número maior de traços e pontos), do incremento de capacidade das unidades centrais de elaboração, e, no tocante ao aspecto telemático, da possibilidade de aumentar-se o alcance dos cabos de transmissão: todas essas possibilidades são ativamente exploradas hoje em dia, e para alguns dos problemas cruciais a esse propósito já foram encontradas soluções funcionais.

Com isso, a imagem volta a ter uma função de suporte, de confirmação da informação escrita: sua própria diferença em relação a esta última é suprimida pelo instrumento comum de elaboração[25].

Para compreendermos a fundo essa regressão da imagem a informação colateral no mundo da comunicação, basta-nos, talvez, lembrar que a fase mais avançada dos *videogames*, constituída pelos chamados *adventure-games*, prevê um diálogo verbal entre o usuário e seu microcomputador, no qual as raras imagens (estáticas) têm um valor puramente decorativo, embora amiúde apresentem características

---

25. É provável que na segunda metade dos anos 80 estejam disponíveis máquinas fotográficas eletrônicas, nas quais a imagem captada será diretamente armazenada num suporte eletrônico (cf. Carità, 1984).

gráficas de elevada definição: como se a sociedade da imagem, lentamente, recomeçasse a ser uma sociedade da palavra, embora seja da palavra concisa e fria de uma conversa informática (Grasso, 1985).

No que tange ao significado da imagem no arquivo informático, pode ser interessante notar que, justamente no momento em que este, como já acenamos, torna-se capaz de acolher os signos icônicos em meio à estrutura informática verbal mais tradicional, os próprios signos perdem o grau de atendibilidade que – em medidas diferentes – haviam sempre mantido na história do ícone técnico (Perniola, 1985).

A imagem informática não se limita a duplicar o real; pode também (não somente na previsão de sua evolução, mas também no "hoje" da avançada utilização técnica e espetacular) produzi-lo *ex novo*, sem partir de objetos preexistentes. À medida que o nível de definição dos vídeos e a capacidade das unidades de elaboração aumentam, cresce constantemente a verossimilhança das imagens produzidas. Exatamente por isso a capacidade de dizer-se verídica da imagem informática, sua disponibilidade em fazer-se testemunha do mundo tende paradoxalmente a diminuir: distinguirmos entre uma imagem transportada por suportes tradicionais ou gravada, por exemplo, com máquinas fotográficas eletrônicas e outra, programada pelo computador, será amanhã muito mais difícil e complicado do que é hoje distinguirmos uma foto "autêntica" de uma montagem, ou – no cinema – um efeito especial da simples gravação de um fato extraordinário.

A atendibilidade do arquivo não mais depende, em suma, da sua capacidade de propor assuntos icônicos, e por conseguinte o sentido da imagem como *testis* na nossa cultura se vai lentamente debilitando. O aspecto metonímico da imagem eletrônica elaborada pelo computador tende a desaparecer, e com ele poderia desaparecer também a dimensão mágica da imagem, que a técnica, curiosamente, soubera reaver das formas cabalísticas do saber pré-industrial. Se tal acontecesse, os novos arquivos – mesmo mantendo o estatuto e os mecanismos de funcionamento dos tradicionais sistemas mnemotécnicos, como tentamos mostrar no primeiro capítulo – receberiam uma estruturação profundamente mais "leiga" que a retórica e a renascentista, modernamente inspirada no "desencanto" que Weber (cf. por exemplo Weber, 1920) quis ler nas origens das nascentes e dominantes sociedades da técnica. A discriminante essencial seria exatamente a atendibilidade da imagem em relação à existência do seu representado: uma triste redução ao silêncio do signo, que, durante séculos, foi a testemunha privilegiada.

3. O TEMPO DO ARQUIVO

> *Time past and time future*
> *Allow but a little consciousness.*
> *To be conscious is not to be in time*
> *But only in time can the moment in the rose-garden,*
> *The moment in the arbour where the rain beat,*
> *The moment in the draughty church at smokefall*
> *Be remembered; involved with past and future.*
> *Only through time time is conquered.*
>
> (T. S. Eliot, *Four Quartets*, "Burn Norton",
> II, 39-46.)

3.1. *A Máquina, o Mito*

Como se observa, o título do presente capítulo repete e inverte o de um parágrafo precedente: como "arquivo do tempo" foi definida, algumas páginas atrás, a televisão, instrumento de gravação da forma-tempo em si, além e aquém

69

dos seus conteúdos objetuais e representativos. Tal noção, porém, de certa forma precede (ainda que não em sua especificidade simbólica) a sociedade eletrônica e televisiva: de fato, nos séculos pré-industriais e proto-industriais, era ela pertinente a uma máquina decerto muito especial, repleta de traços característicos alusivos: o relógio. Não é possível, portanto, neste ponto do percurso, deixarmos de nos perguntar quais as conseqüências que a afirmação dos instrumentos de arquivamento eletrônico acarretou para a função desempenhada pelo relógio e sobretudo para a imagem do tempo social e individual, cujos artífices e mais significativas testemunhas foram, a um tempo, os precursores do cronômetro e o próprio cronômetro. Para ser compreendida em toda a sua complexidade, a questão tem que ser levantada com base na definição (breve e direcionada para o âmbito deste trabalho) da história e da função desses instrumentos de medição do tempo.

Foi usada a palavra "relógio" e logo se faz necessário precisar: "relógio mecânico". Os historiadores são unânimes em marcar o início de uma nova era do tempo[1] na data de nascimento desse medidor: antes disso os homens haviam conhecido e utilizado outros tipos de instrumentos, tais como meridianas, relógios de água, ampulhetas e outros mais; cada um deles, porém, pode ser tranqüilamente considerado qualitativamente análogo ao outro, e diferente do relógio mecânico, no sentido que procuraremos em seguida esclarecer.

As formas pré-mecânicas de medição do tempo (as que Jacques Attali, com uma locução que considero muito bonita, chama de "da sombra e da água"; (cf. Attali, 1983, 34) *mimam* o devir universal, respeitam-no, dele extraem os

---

1. A história da relojoaria pode orgulhar-se de uma série inumerável de títulos. Entre os mais significativos, o presente trabalho privilegiou os textos que unem a história técnica à das idéias, como Cipolla, 1967; Attali, 1983; Landes, 1983. Nessas obras (e várias outras citadas) encontra-se ainda a bibliografia completa sobre o assunto. Sobre outras questões pertinentes aos assuntos tratados neste capítulo, veja-se ainda Elias, 1984, e Barbieri-Vidali, 1984.

elementos de observação: o que melhor do que a sombra provocada pelo Sol num quadrante poderá medir o curso desse astro? E para descrever o fluxo do tempo, o que melhor do que a água ou a areia que lentamente fluem num recipiente? Trata-se, usando os termos de D. Landes (Landes, 1983, 10), de uma *obediência ao tempo*, de uma respeitosa observação que não intervém, não "se mete" nos mecanismos que – dados e estabelecidos de uma vez por todas – moem a história da coletividade e do indivíduo com asséptica e imperturbável regularidade. Com respeito a esse quadro ideológico e teórico, o relógio mecânico introduz elementos evidentes de novidade, que abrem para uma nova *disciplina do tempo* (*ibidem*), uma pontualidade interior, uma concepção autônoma que vive o tempo como dimensão organizativa da vida humana. Certo, também o nascimento do cronômetro se ressente dos efeitos da tradição precedente e não poderia ser diferente: pode então ser interessante repercorrermos os primeiros séculos de vida desses medidores, com a atenção voltada para a função social do seu devir.

O relógio mecânico surge no Ocidente em concomitância com a rápida expansão da civilização urbana na Europa, após o período de estagnação técnica da alta Idade Média: imediatamente se difunde com surpreendente rapidez por todo o continente, e já nas primeiras décadas do século XIV em Milão e em Beauvais estavam instalados grandes relógios com sinos (cf. Cipolla, 1967, 20 e ss.). Gigantescos e barulhentos, eram "máquinas públicas", pertencentes à comunidade e insuficientemente caracterizados pela precisão: "L'horloge du palais elle vas comme lui plaît", brincava o povo parisiense (cf. Cipolla, 1967, 250). Provavelmente, até o século XVI, todos esses instrumentos provocavam grandes atrasos ou antecipações, tornando necessárias sucessivas operações de ajustamento. Torna-se evidente que a assombrada admiração com que os inventores e usuários dos primeiros relógios os viam devia-se mais ao esplendor imaginoso de tais objetos que à sua função de medidores do tempo: a máquina construída em torno de 1350 para a Catedral de Estrasburgo compreendia um calendário móvel e um astrolábio que mostrava os movimentos do Sol, da Lua e dos planetas; e o maravilhoso relógio realizado no mesmo ano por Giovanni de' Dondi – chamado Giovanni dos relógios – é assim descrito por Philippe de Mazières, conselheiro do rei Carlos V da França: "Ele construiu uma máquina chamada por alguns de esfera ou relógio dos movimentos celestes, que indica todos os movimentos dos signos do zodíaco e dos planetas, com as respectivas órbitas e epiciclos, e cada planeta é mostrado separadamente com o seu movimento de modo que a todo momento do dia ou da noite pode-se ver sob que signo e com que inclinação aparecem no céu os planetas e as estrelas maiores"[2]. Em meio a tanto esplendor fantástico, o significado de máquina do tempo dessa nova invenção provavelmente não superava aquele da antiga meridiana, da ampulheta de areia, dos bastonetes combustíveis ou da de clepsidra: tratava-se, também nesse caso, de *representar* o tempo universal (Landes, 1983; Attali, 1988), ainda que de um modo totalmente peculiar, que aproxima o problema dessas complexas máquinas temporais do tema do amuleto já tratado no segundo capítulo.

Observamos que os talismãs metaforizavam o universo e as suas forças positivas graças também a uma peculiar contigüidade com as essências (o *spiritus*) da natureza: pois bem, alguns grandes relógios mecânicos tendem a integrar-se com o tempo do mundo, tanto metaforizando exteriormente seus elementos (astros e planetas), quanto – mais a fundo – dele colhendo os fundamentos e manifestando os nexos secretos. Dois exemplos do século XV parecem-me, nesse nível, particularmente significativos[3]: o primeiro é um relógio de Bolonha, construído por Mestre Giovanni Evangelista da Piacenza e por Mestre Bartolomeo di Gunolo, sob a supervisão do Cardeal Bessarione, e cujo setor astronômico representava um globo de fogo central, em torno do qual giravam o Sol, a Lua, os planetas e a Terra. O se-

---

2. P. de Mazières, *Le songe du Vieil Pélerin adressant au Blanc Faucon à bec et pieds dorés*, cit. em Cipolla, 1967, 28.

3. Os dois exemplos que se seguem são tirados de Cipolla, 1967.

gundo é o relógio de Mântua, cujas indicações cosmológicas indicavam o momento adequado para a flebotomia, a cirurgia, para fazer as roupas, arar a terra, iniciar viagens "e outras coisas necessárias neste mundo", segundo a expressão de uma crônica subseqüente.

A máquina bolonhesa exprime muito bem o sentido amulético e talismânico que mencionávamos acima: de acordo com a descrição, o centro da representação não é ocupado pela Terra (segundo as concepções aristotélico-ptolomaicas dos *matematici* ou dos *naturales*), mas por um globo de fogo que sugere motivações platônico-humanísticas. O relógio de Mântua, por sua vez, mostra a utilidade da máquina, ligada aos ritmos profundos da natureza, aos seus momentos canônicos, à essência sapiencial das suas escansões. Mas a representatividade do cronômetro mecânico, que já na sua acepção metafórico-metonímica, cara aos filósofos-magos (não é por acaso que Pico e Ficino, os maiores artífices da revolução platônica no Ocidente, pertencem ao século XV), modifica os parâmetros da tradição precedente (atribuindo justamente um significado metafórico-mágico a um objeto anteriormente dotado de simples sentido metafórico-simbólico), e possui uma outra face oculta, que nos aproxima ainda mais da questão levantada: isto é, o por quê de uma revolução temporal e de uma difusão tão repentina dos cronômetros na Europa. Essa face oculta é constituída pelo próprio mecanismo do relógio: o escapo de braço oscilante *foliot**. Permite este, em síntese, dividir-se a queda de um peso (queda que se dá segundo as simples leis da gravidade) em átimos discretos.

Landes sintetiza (Landes, 1983, 11) as qualidades desse escapo em três pontos que vale a pena explicitar: 1) a regulagem por meio de pesos permitia ao cronômetro uma universalidade de uso a que não podia aspirar, por exemplo, o relógio de água (sujeito aos riscos do gelo nos países nórdi-

---

* Tipo de escapo a cuja invenção se deve uma maior precisão no funcionamento dos relógios mecânicos antigos, determinando sua definitiva implantação e posterior evolução. (N. da T.)

cos); 2) o eixo da engrenagem constituído por rodas e pinhões possibilitava a existência de uma sólida ligação entre a fonte de energia e o mecanismo, facilitando assim a precisão; 3) o mecanismo traduzia um fluxo contínuo em movimento oscilatório, alterando os princípios dos medidores até então realizados. Em breve voltaremos a esses pontos; por ora nos limitaremos a observar que eles, em conjunto, produzem um novo tipo de representatividade na mensuração do tempo, exposto por Attali da seguinte forma: "Como o relógio (...) o tempo urbano é vivido como numa sucessão de equilíbrios e violências de corpos em movimento (...) paulatinamente a própria metáfora do relógio afirma-se como a representação principal da ordem na Idade Média" (Attali, 1983, 102-103). Além da metáfora do universo, o relógio, agora, tende, portanto, a tornar-se metáfora do social, associa-se ao problema de uma ordem urbana, põe na berlinda a questão da organização do tempo e do trabalho. O cronômetro, inicialmente um simples medidor, transforma-se em origem, em determinador da temporalidade: "Se Deus não é mais o tempo, continua sendo contudo o administrador do tempo das atividades humanas, aquele que controla a partição do tempo. Deus é o peso do relógio" (Attali, 1983, 103).

Este parece ser o ponto nodal da questão. Praticamente todos os históricos que se ocuparam do problema são unânimes em afirmar que o relógio mecânico, ainda que apresentasse potencialmente características de precisão superiores às dos demais instrumentos, não teria, por esse caminho, suplantado definitivamente os seus predecessores: é na acepção de máquina pública e na função relativa à coletividade que se deve buscar o seus aspecto mais revolucionário.

Lembra Jacques Le Goff (Le Goff, 1977) que já a partir dos séculos XII e XIII, o desenvolvimento da classe mercantil tanto no espaço hanseático quanto no mediterrânico, tornara imprescindível a superação da concepção temporal até então dominante, modelada – em nível de vivência – pela adequação à temporalidade, por assim dizer, cíclica, do universo. Se o mercador isolado aceitava inicialmente submeter sua atividade ao tempo meteorológico, a organização da rede comercial gera agora a necessidade de reduzir o tempo a objeto de medida: o mercador deve calcular a duração de uma viagem, a duração do trabalho braçal etc., para estabelecer os preços, para calcular possíveis lucros ou perdas. É então que a exigência de precisão, que a classe mercantil descobre na mensuração do tempo, encontra-se com as potencialidades (ainda não expostas de todo) do relógio mecânico: e bastarão apenas alguns decênios para que o relógio público se torne instrumento de dominação por parte dos mercadores erigidos em regedores comunais. Preço do tempo, mensuração do tempo, domínio do tempo: através desses três momentos, a nova sociedade mercantil desarticula as experiências precedentes, até reagregar o *cronos* urbano e natural segundo as próprias exigências, como bem o demonstra a mudança da unidade de medida temporal do trabalho. No Ocidente pré-urbano, essa unidade é a jornada: uma vez que se trata do mutável dia solar, definido pela aurora e pelo ocaso, sublinhado pelas *horae canonicae*, não há cisão entre o tempo de trabalho e o tempo da vida: ambos modelam-se de acordo com a comum duração universal a que se referem (Le Goff, 1977). As cesuras religiosas são incertas, excepcionais; não constituem uma verdadeira escansão, dado o caráter episódico que possuem: quando muito, sobrepõem-se ao tempo natural, provavelmente marcando-lhe os momentos significativos. Com a organização urbana e a criação dos *ofícios*, o impulso para a superação da escansão "natural" do tempo é dado, como já tivemos ocasião de observar, pela necessidade da nova classe mercantil: a jornada solar, com a sua variabilidade, já não pode constituir uma unidade de medida atendível. Data de 1335 o decreto de Filipe VI que acolhe a requisição do prefeito e dos escabinos de Amiens, no sentido de lhes dar permissão para emitirem um decreto relativo à organização do trabalho e das pausas dos operários. Surge então a necessidade de um instrumento de escansão do tempo que ofereça certa objetividade e eqüidade na mensuração: não por acaso, na citada requisição, prefeito e escabinos de Amiens pedem também para que se pendure na torre da cidade um "sino de trabalho", diferente de todos os demais sinos (Le Goff, 1977).

A introdução das *Werkglocken* marca a introdução de um novo tempo, moldado não de acordo com o tempo natural mas com as exigências de produção, escandido em momentos discretos e iguais entre si: trata-se de um primeiro passo na direção das "horas certas", em breve garantidas justamente pelo relógio mecânico aperfeiçoado. Logo a instalação de numerosíssimos exemplares da nova máquina em toda a Europa acompanhará a definição da hora de sessenta minutos, que substitui a jornada na sua função de unidade de tempo de trabalho. É exatamente para esta característica da divisão do novo tempo como escansão da duração do trabalho que devemos voltar nossa atenção: enquanto a unidade de medida da duração do trabalho foi a jornada solar, o tempo do homem, moldado pelo *cronos* do universo, foi garantido em uma unidade constitutiva; a jornada podia ser o lugar temporal do trabalho porque este último nada mais era que a atividade mais humana, o aspecto mais essencial da vida do homem. A distinção trabalho/não trabalho, embora existindo, sobrepunha-se àquela dia/noite, reafirmando a especularidade da atividade humana e da sua forma, o tempo, em relação ao tempo do universo, imutável na sua totalidade e mutável nas suas partes.

A introdução de uma unidade cronológica discreta e mensurável, destinada ao trabalho entendido como produção, quebrou essa especularidade, tornando o tempo humano imutável também em suas partes constitutivas (as horas e os minutos), dando-lhe uma objetividade antes desconhecida, mas ao mesmo tempo cancelando a sua função de referência, de signo do tempo universal. Na nova civilização urbana, primeiro germe autêntico das sociedades industrializadas, o tempo medido em horas e minutos não conhece horizontes além de si mesmo, exaure-se na forma da produção, sem propor referências a outros tempos mais fundamentais. E não é só isso; ele nasce como tempo de trabalho: perdida a primitiva equação entre unidade de trabalho e jornada diurna vê-se o tempo fragmentado na origem e, por conseguinte, constitutivamente heterogêneo.

O que acontece então com o relógio como "máquina do tempo"? Sobre essa questão agora mesmo ainda se discute asperamente: alguns estudiosos afirmam que a autêntica essência do relógio mecânico consiste justamente em representar, de modo bem mais perfeito que os seus predecessores históricos, o tempo do universo[4]. Para estes, a virada "urbana" é um passo atrás, que transforma um precioso objeto-amuleto-jóia num "mero marcador de tempo". Para outros (a maioria), a essência profunda do relógio mecânico deve ser considerada radicalmente diferente da que animou as tentativas precedentes: desde as suas origens, seria ele um marcador de tempo, e a necessidade histórica da precisão não teria feito mais que acelerar-lhe o inevitável progresso tecnológico[5]. Sem entrarmos num debate que exigiria outro espaço (além de constituir um nítido desvio em relação à linha que este trabalho de antemão se propôs), pode-se observar que a óptica dentro da qual situamos o problema permite-nos assumir uma posição de mediação: o relógio mecânico é originariamente "máquina do tempo", em ambos os sentidos possíveis do termo, é, em suma, tanto "máquina que representa o tempo", como as clepsidras ou as meridianas, quanto "máquina que mede o tempo", como o horário beneditino que segundo muitos constitui o precedente ideológico do tempo abstraído da natureza. As duas alternativas possíveis são bem representadas, na história do relógio, pelos imaginosos produtos "neoplatônicos" do século XV por um lado, e pelo uso social da era urbana, por outro. Historicamente, e isto é certo, a escolha feita pela sociedade ocidental sem dúvida acabou por privilegiar o segundo caminho: o de um tempo autônomo, tempo-merca-

---

4. Entre esses autores valha sobretudo o exemplo de Derek de Solla Price, que muitas vezes defendeu a tese do cronômetro como "anjo caído do céu da astronomia" (expressão que aparece pela primeira vez em De Solla Price, 1976).

5. Entre as teses que apóiam essa posição podemos lembrar, além do já citado Landes, 1983, McLuhan, 1964, e Zerubavel, 1981. Naturalmente não pode ser esquecido o trabalho de Lewis Mumford, fundador ideal de toda essa linha interpretativa (cf. Mumford, 1934).

doria que preludia a decisiva passagem do capitalismo industrial.

À guisa de conclusão para o rápido e sintético *excursus* sobre a gênese do relógio mecânico, podemos reforçar o duplo quadro que o acompanha em sua manifestação: de um lado a passagem de um símbolo do tempo para uma máquina mensuradora de durações escandidas segundo horários discretos; do outro, a fratura entre um tempo que tem no universo o seu próprio horizonte de referência e uma temporalidade humana não-sígnica, difratada no seu interior por uma cesura que se desdobra em termos de produtividade material.

3.2. O Tempo Digital

Em que medida e em que termos pode-se hoje dizer que a sociedade eletrônica está centrada em torno do problema do tempo e sua mensuração e que esse problema ainda uma vez se propõe como uma questão de máquinas para a escansão das durações? Parece que a resposta passa, mais uma vez, pela evolução tecnológica, mas só à medida que esta tiver a inspirá-la e valorizá-la uma transformação cultural e uma subjacente *Weltanschauung*.

Em primeiro lugar, cumpre-nos levar em consideração o desenvolvimento mais recente da relojoaria, marcado pela "revolução do quartzo", que simultaneamente transformou o mercado e fez entrar em cena uma nova forma de representação do tempo. A nova voga tem início nas duas últimas décadas do século passado, quando Pierre e Paul Jacques Curie descobrem a piezeletricidade. O fenômeno pode resumir-se, para os nossos objetivos, numa definição muito simples: um cristal de quartzo, em certas condições experimentais, vibra com regularidade absoluta numa determinada freqüência, a ponto de conduzir à individuação de seu "tempo próprio", automensurável (Attali, 1983, 243). A aplicação à relojoaria da descoberta dos Curie é de imediato evidente. Faz-se necessário, todavia, esperar pela década de 30 para verem-se realizadas as condições necessárias (obra de dois engenheiros alemães, Scheibe e Adelsberger), e chegamos mesmo aos anos 60 sem que se tenha ainda realizado a produção em ampla escala (e por conseguinte a difusão no mercado) dos novos cronômetros (cf. Landes, 1983, 343 e ss.). O desenvolvimento social do tempo do quartzo torna-se assim quase paralelo (na sua relevância objetiva) ao dos computadores, e mesmo uma reflexão superficial induz a crer que o paralelismo não pode ser casual, se for verdade que o funcionamento de todas as máquinas eletrônicas digitais dependem de um sinal elétrico fornecido por um *clock* ou *contador*, isto é, por um circuito elétrico complexo, cujo coração é constituído de um pequeno cristal de quartzo.

Então, não em sentido metafórico mas literal, a "alma" dos cronômetros digitais é também a "alma" dos computadores, e é constituída por um fragmento de matéria capaz de autodeterminar o próprio tempo (a freqüência do cristal de quartzo não mede a duração ordinária, e sim por ela medida).

Quando consideramos os grandes arquivos informáticos e suas respectivas temporalidades sob esse ângulo, notamos de imediato que quem os utiliza (quem os "percorre"), embora continue a viver o próprio tempo pessoal, coloca-se, no entanto, em relação com um tempo da máquina, capaz, este, de funcionar por si só sem ser sequer minimamente condicionado pelo tempo do sujeito que o utiliza. Alguns jogos eletrônicos aproveitam-se habilmente da disparidade entre o tempo da máquina e o tempo do jogador, tanto em nível de ritmo quanto de duração total. Em nível de ritmo, tais jogos são capazes (principalmente os clássicos *video-games*) de modificar, por trás de instruções de dificuldade, a temporalidade (isto é, a freqüência) da representação, modelando-a de acordo com as necessidades do operador. Em nível de duração, eles (sobretudo na versão *adventure*) "mimam" com a própria temporalidade, uma temporalidade humana, escandindo o passar das horas e dos dias (obviamente em versão "reduzida"): num *game* particularmente conhecido, o *Sherlock Holmes*, o jogo entre as duas durações é levado a tal nível de complexidade que é necessário um verdadeiro aprendizado para saber como pegar trens e conexões segundo um horário ferroviário preestabelecido; um erro nessa "sincronização" leva à perda de horas ou mesmo de dias no prosseguimento de um inquérito, e comporta duras penalidades. O uso individual do computador leva-nos, às vezes, a imaginar uma total identificação do próprio tempo pessoal com o tempo da máquina: programadores profissionais ou amadores, estudiosos e estudantes da inteligência artificial apresentam freqüentemente uma atitude de total sujeição aos ritmos e durações dos computadores (cf. Berry, 1983; Turkle, 1984). Aos ritmos, porque absorvem um novo conceito de velocidade, impensável e até mesmo inimaginável antes da tecnologia digital; às durações, porque chegam a moldar o próprio dia de acordo com as exigências e problemas do computador. Trata-se ainda de casos-limite, mas decerto indicativos de quanto o "relógio" digital pode avocar para si a temporalidade do homem.

Deixemos de lado, por ora, esse último aspecto ao qual deveremos necessariamente voltar mais adiante, e reconsideremos o problema da essência da "máquina do tempo" do relógio digital, tão ligado às técnicas informáticas: a conclusão evidente é que a tecnologia do quartzo, historicamente conexa à do silício, impõe um novo deslocamento na concepção de tempo, uma vez que a duração não mais comparece *medida*, e sim *produzida*. Se a introdução do escapo de braço oscilante *foliot* gerava a idéia de um universo-máquina, de um universo-relógio, cujo tempo era constituído sob medida (no sentido mais profundo do termo: o tempo existia à medida que fosse possível medi-lo) de um objeto mecânico, já o quartzo parece propor uma temporalidade na qual a medida precede o objeto a ser medido, na qual a freqüência de um cristal produz, de fato, uma unidade de determinação da duração. O caráter abstrato do tempo produzido pelo quartzo faz-se ainda mais evidente quando pensamos no cancelamento que este comporta da espacialização implícita no relógio mecânico: números que se sucedem substituem os ponteiros e seu percurso. Manifesta-se mais uma vez o processo de abstração – próprio da sociedade digital – já individuado no primeiro capítulo do presente trabalho: o arquivo informático surge como o ponto de interseção de duas diferentes abstrações, a do espaço (não percorrido, mas puramente representado), e a do tempo (não representado, mas simplesmente assinalado na versão numérico-seqüencial).

No tocante às transformações da idéia de tempo na sociedade digital, o segundo ponto a ser considerado refere-se à relação entre a temporalidade global e os tempos vividos: observamos no parágrafo precedente que o aparecimento do relógio mecânico coincidira com a distinção (ou a fratura) entre tempo livre e tempo de trabalho, e que a cesura entre os dois tempos havia marcado profundamente a consciência de duração do homem medieval. Resta agora perguntarmo-nos quais as transformações hoje visíveis dentro daquela distinção de tempos e quais as linhas de leitura proponíveis para essas mesmas transformações.

É mister de pronto observarmos que, se por um lado a industrialização contribuiu de maneira relevante para a precisão e acuidade da escansão entre tempo livre e tempo de trabalho, por outro, os recentes progressos das sociedades pós-industriais problematizaram notavelmente um quadro que até fins do século passado se considerava definitivo. Para sermos precisos, a sociologia na primeira metade do século XX já enfatizava as configurações dos grupos sociais que preludiavam a multiplicação das temporalidades: Georg Simmel – com a sua teoria da "participação múltipla" do homem na sociedade moderna (Simmel, 1908) – e Maurice Halbwachs – com as teses relativas à pluralidade de memórias de grupos sociais (Halbwachs, 1968)[6] – haviam evidenciado muito oportunamente a complexidade irredutível da vivência social e por conseguinte da vivência temporal, nas sociedades industriais avançadas. Mas são exatamente as evoluções tecnológicas ligadas à revolução informática que modificam definitivamente o quadro social e teórico relativo

---

6. Sobre o trabalho de Halbwachs, veja-se também Lange, 1983.

à questão das durações. Convém, contudo, avançarmos por etapas. Observemos, inicialmente, como a reflexão teórica contemporânea ao abrir seus caminhos vai despojando, antes de tudo, a distinção entre tempo livre e tempo de trabalho de uma série de conotações historicamente sedimentadas, que paulatinamente se mostraram, porém, cada vez mais inaceitáveis: o próprio conceito de tempo "livre", antes de mais nada, tão ligado à idéia de uma liberdade humana negada nas condições de trabalho alienante. Tornou-se cada vez mais evidente que esse conceito se aplica a uma série de "tempos" não homogêneos entre si, dedicados, por exemplo, aos cuidados do indivíduo consigo mesmo, ao repouso, ao divertimento, e também às viagens e ao trabalho, à atualização cultural e assim por diante. Além disso, observou-se que, sempre mais, a idéia de tempo livre como "lugar" de criatividade e autodireção colide violentamente com a heterodireção das férias, das distrações, do simples repouso (cf. Colombo, 1981).

Da crise do modelo que poderíamos chamar de temporal-dialético, alguns sociólogos extraíram formas de classificação e interpretação menos rígidas e limitativas: Eviatar Zerubavel, por exemplo, distingue (Zerubavel, 1981) entre um tempo "sociópeto" (lugar duracional da socialização) e um tempo "sociófugo" (lugar duracional da privacidade), demonstrando que as duas temporalidades acham-se, na realidade, misturadas e que distingui-las não passa amiúde de ato puramente formal e lógico; e Erving Goffman tem repetidamente insistido na variabilidade dos contextos no tempo e do tempo nos contextos sociais (cf., por exemplo, Goffman, 1959).

Sem nos determos na complexidade do debate[7] (reconduzível, todavia, à idéia fundamental de uma superação da distinção esquemática baseada na produtividade material), já agora é possível configurarmos um quadro das con-

---

7. Cf. a propósito as Atas do Convênio Internacional sobre "A Organização Social do Tempo" (2-3 de junho de 1981), agora em Bettetini, Iseppi, La Pietra, Rositi, 1983.

seqüências que a pluralidade dos tempos parece determinar, ao entrecruzar-se com a pluralidade da colocação social dos indivíduos.

O primeiro dado desse quadro é a perda (jamais encarada como tal) da dualidade do tempo indenizada pelo ganho de uma pluralidade de durações (tanto no sentido de "períodos" quanto de "ritmos"), das quais se sai e nas quais se entra contínua e transversalmente: o tempo transcorrido diante da televisão não tem o mesmo ritmo do tempo gasto com os amigos no barzinho; o mesmo se pode dizer do trabalho e da pausa-café, e assim por diante. O indivíduo "veste" e "despe" as durações sempre com maior desenvoltura, com a mesma tranqüilidade com que ele próprio parece também mudar de "identidade" no seu traslado de um ambiente social para outro, de uma situação para outra.

O segundo dado, conseqüente ao primeiro, é a perda da própria idéia de "tempo social": não existe, de fato, um autêntico "tempo coletivo", porque nenhuma das durações descritas pode ser elevada à categoria de duração universal. Após a crise do horizonte-eternidade, medieval, as sociedades industriais em sua última fase e as pós-industriais parecem também assinalar a crise da dualidade do tempo mecânico e produtivo.

O terceiro dado é constituído pela função que – neste quadro – a cronometria passa a assumir: nunca como nos tempos recentes, o sistema dos transportes e comunicações, o mercado intercontinental e, em suma, toda a "aldeia global" de que falava McLuhan, demonstraram necessitar tanto de um tempo *standard* ao qual amoldar-se, sobre o qual concordar com os *partners* comunicativos, e com base no qual medir – se não mais a produção (cf. Manacorda, 1984) – pelo menos a circulação das mercadorias materiais e informativas[8].

---

8. "A interconexão internacional de muitíssimas redes de troca de informações requer uma precisão sempre maior da data em dois locais separados por milhares de quilômetros: antes de tudo, a comunicação entre redes televisivas (...) requer uma simultaneidade de decisões em milé-

Paradoxalmente, portanto, a um mínimo de unidade duracional das experiências corresponde um máximo de unidade medidora das durações: o homem contemporâneo vive fazendo com que sua própria existência seja escandida por máquinas produtoras de tempo abstrato, mas sem reconhecer (ou reconhecendo sempre menos) este mesmo tempo como relógio da vida, e recorrendo a uma infinidade de "cronômetros sociais" para estabelecer os ritmos e durações das próprias experiências (cf. Rampazi, 1985, e Leccardi, 1985).

Assim, enquanto a definição do tempo terrestre é confiada à convergência dos relógios atômicos (cronômetros a césio capazes de garantir uma precisão da ordem de 10^{-10}) e assume o nome simbólico de Tempo Atômico Internacional (cf. Attali, 1983), a vida dos indivíduos parece estar percorrendo caminhos inversos aos das instituições, renunciando à idéia de uma universalidade da duração.

Certamente o quadro contemporâneo não pode considerar-se exaurido por essa dupla e contraditória tendência: faltam, para sua completa compreensão, as análises dos tempos rituais sociais (férias grandes, festas anuais e assim por diante) e das tentativas de "novas temporalidades não crônicas" (como aquela indicada pelo "relógio do apocalipse", que mede a hipotética distância entre o mundo e um conflito atômico[9]). Todavia, o quadro que desenhamos talvez seja suficiente para responder à questão levantada pelo título deste capítulo. Qual o tempo do arquivo? Se agora reconsiderarmos a imagem labiríntica dos grandes bancos de dados delineada no primeiro capítulo, a resposta só pode ser assim articulada: o tempo desse arquivo é uma síntese das duas durações analisadas. De fato, pertence ele consti-

---

simos de segundo. (...) A relação instaurada entre os computadores das grandes empresas (...) pressupõe uma precisão ainda maior, e por conseguinte um progresso da comunicação da hora exata à distância" (Attali, 1983, 251).

9. O relógio comparece no periódico *Bollettino degli Scienziati Atomici* (cf. Pasinetti, 1983).

tutivamente à temporalidade digital universal, enquanto os mecanismos que lhe regulam todas as escansões são exatamente os mesmos que permitem o funcionamento do horário coletivo na maior parte do mundo; e todavia, esse mesmo tempo, na qualidade de tempo de acesso, é também parte das durações humanas dentro das quais se insere.

Porém, o significado da nova ordem temporal imposta pelos arquivos (ou por eles simplesmente assinalada) só emergirá completamente se entrar em reação com a outra palavra-chave que percorre o presente trabalho: "memória". A ligação entre temporalidade e memória sempre foi indicada pela reflexão filosófica como central para a compreensão de ambos os termos[10]: o tempo só pode ser captado dentro de um horizonte mnéstico, e ademais, a memória se define especificamente em função da ordem da colocação temporal dos objetos que recordamos. Por ser tão estreita a *liaison* entre os dois conceitos, é muito provável que a alteração de um dos dois aspectos comporte modificações substanciais também no outro: e, de fato, nisso consiste o nexo mais profundo entre sistemas de memória e durações temporais contemporâneas. A arquivos labirínticos, que constituem uma imagem do mundo cada vez mais tendente a identificar-se com esse mesmo mundo, correspondem, não casualmente, relógios produtores de tempo digital: duração abstrata, determinada e definida pela própria escansão. Se é possível uma definição do percurso que conduz a ambos, esta pode ser indicada somente, mais uma vez, pelo conceito de "desencanto", que talvez justamente aqui assuma o seu sentido mais autêntico e explicativo: da sacralidade do universo representado e da própria sacralidade do tempo universal, somos hoje reconduzidos à leiga e dessacralizada abstração de uma imagem sem referente e de uma medida sem duração. O tempo digital, assim como a imagem digi-

---

10. Naturalmente aqui é impossível repercorrermos, ainda que apenas sinteticamente, a reflexão filosófica sobre o problema. À guisa de simples exemplificação, mencionemos apenas a reflexão agostiniana (*Da Trindade*) e a husserliana (Husserl, 1966).

tal, nada mais tem a significar; mais modestamente, participa do conjunto dos dados encerrados nos arquivos e aguarda o viajante do labirinto para reassumir (provisoriamente) um horizonte de significado.

4. OS CAMINHOS DO ESQUECIMENTO

> *Time the destroyer is time the preserver,*
> *Like the river with its cargo of dead negroes, cows*
> *and chicken coops.*
> *The bitter apple and the bite in the apple.*
>
> (T.S. Eliot, *Four Quartet*, "I Dry Salvages",
> II, 67-69.)

4.1. Arquivos e Esquecimento

Ao traçarmos as linhas básicas da relação entre os sistemas de memorização contemporâneos ligados à tecnologia eletrônica e a forma-arquivo (isto é, ao estatuto ideal subjacente às diversas ocorrências dos "armazéns de memória"), descuramos, até aqui, de uma questão indubitavelmente crucial: a questão do esquecimento, ou seja, literalmente, da não-memorização. Tal lacuna, porém, não pode prolongar-se, já que a relação entre arquivamento e esquecimento surge como essencial. Por acaso os arquivos não são construídos (desde os seus antecedentes mais remotos, os sistemas mnemotécnicos) *contra* a possibilidade da perda da lembrança? E o esforço de organização e de racionalização desta última não foi sempre uma resposta à exigência de evitar-se o extravio do que já foi armazenado?

Aliás, também sob esse aspecto, a consideração relativa à continuidade entre arquivos eletrônicos e memória humana num de seus possíveis enquadramentos conduz ao esclarecimento de algumas questões básicas. Não é por acaso que pesquisadores empenhados em estudos concernentes à inteligência artificial utilizam-se hoje da estrutura e do funcionamento das máquinas informáticas de memória para a explicação de determinados fenômenos psíquicos conexos ao esquecimento, como o *lapsus* (cf. Norman, 1979, 1980, 1981). Este esforço de leitura metafórica que torna análogos mecanismos psíquicos e "mecânicos", consegue demonstrar, no fundo, somente o seu próprio pressuposto: é por se atribuírem certas características aos fenômenos mentais que podem eles ser interpretados como isomórficos a outros tantos fenômenos mecânicos[1], o que parece dar razão ao fio vermelho desenrolado até aqui pelo presente trabalho: talvez já não se deva falar de homologias naturais e gerais entre mente e máquina, mas de escolhas culturais e idéias comuns que, por um lado, privilegiaram alguns aspectos dentro de complexas estruturas psíquicas e, por outro, serviram de fundamento para a evolução tecnológica em termos de caminhos operacionais.

A questão do esquecimento constitui, na minha opinião, um exemplo esclarecedor de como determinadas atitudes culturais podem interagir com as descobertas técnicas e científicas: a consideração relativa à construção das memórias eletrônicas na específica função de redução do nível de esquecimento (até o seu possível anulamento) tem, portanto, o objetivo de esclarecer essa complexa relação.

---

1. Sobre o conceito de isomorfismo no âmbito da reflexão sobre a Inteligência Artificial, veja-se Hofstadter, 1979, ainda que a leitura por mim indicada sobre o pressuposto na I. A. não seja partilhada pelo autor.

Uma primeira, essencial observação sobre o esquecimento é que o fenômeno não se configura de modo simples e unívoco: nele distinguiremos dois aspectos fundamentais. O primeiro, relativo à escolha do material a ser traduzido em lembrança: o segundo, à própria permanência da lembrança no seu "lugar" mental ou físico.

Comecemos pela seleção do material. Este é o âmbito do que poderíamos chamar de *ativação preventiva do esquecimento* (cf. Bottinelli-Colombo, 1983): trata-se, de fato, de decidir, diante de um conjunto de dados, eventos ou informações, quais devem ser privilegiados e quais podem ser abandonados ao possível cancelamento. A escolha, nas sociedades fundadas na oralidade, era necessariamente delegada a critérios de valor social: a mitologia e o saber histórico não são, no fim das contas, nada além de construções memoriais instituídas com base em axiologias opostas; a memória oral, baseada na tradição (no sentido etimológico do termo), sempre partiu do pressuposto de que aquilo que foi memorizado no início deva ser continuamente transmitido. As preocupações platônicas expressas no *Fedro* (274, 275 b) subtendem-se justamente ao temor de que a transição para a escrita depauperasse os critérios de avaliação das lembranças, permitindo o aparente armazenamento de tudo e provocando o real cancelamento mnemônico de todas as coisas (tema que retomaremos mais adiante). Ao repercorrermos dentro dessa perspectiva o caminho da mnemotécnica (já resumido no primeiro capítulo) podemos observar que os "truques" de memorização usados pelos oradores permitiam no fim das contas o arquivamento de todo e qualquer conteúdo, desde que pertinente ao assunto que se pretendesse tratar. Existem, porém, ao menos dois referentes históricos de técnicas memorativas bem precisas, construídos com base numa seleção axiológica preventiva. O primeiro é a estratégia mnemotécnica de Tomás de Aquino, que em grande parte alterava o quadro até então tradicional[2]. Aquino sugeria, além da tradução das lembranças (uma

---

2. Sobre a constituição e o sentido da mnemotécnica em Santo Tomás, veja-se Yates, 1966.

tradução não em *imagines agentes*, mas em símbolos corpóreos) e sua precisa ordenação, a "adesão com vivo interesse" às coisas a serem recordadas e o contínuo contato com elas. O sentido dessas duas adjunções deve ser buscado na colocação tomista da memória, entendida como parte da prudência (dentro da corrente iniciada por Alberto Magno): virtude que usa as experiências passadas para prever as futuras, e que portanto não é possível sem a permanência do passado diante da consciência[3].

Disso deriva que, para Tomás de Aquino, a memória não é um meio neutro ou com fim em si mesmo, mas sim o componente de uma virtude cuja posse é necessária para a salvação da alma: nela devem ser ciosamente custodiados apenas os conteúdos que permitam a salvação do homem. Essa concepção teológica da memória age, portanto, como potenciadora dos critérios seletivos que funcionam como esquecimento preventivo: estão eles ligados a uma sólida matriz de valores fundada na Revelação e na capacidade humana de confrontar-se com ela, relembrando e arquivando os *monumenta* (lembranças, mas também admoestações) da tradição.

Com sinal contrário, mas também atinente à seleção axiológica, temos a memória "lógica" que Ramus, Bacon, Descartes colocam como base do novo saber no limiar da era moderna (cf. Rossi, 1983): aqui se trata (especialmente no caso das *Tabulae* de Bacon ou da "enumeração" de Descartes) da lembrança ordenada de fatos fenomênicos, destituídos de suas causas "ocultas" ou "metafisicoteológicas" investigadas por filósofos renascentistas. Escreve Bacon: "Os auxiliares da memória executam as seguintes tarefas: da imensa multidão de fatos particulares e da massa da história geral natural, destaca-se uma história particular cujas partes são dispostas numa ordem tal que permita ao in-

---

[3]. Sobre o tema da relação entre memória e prudência, veja-se Pieper.

telecto trabalhá-las e exercitar sua própria função"⁴. Nada melhor que esse trecho para esclarecer o sentido da seleção preventiva do novo racionalismo moderno: trata-se de individuar percursos de sentido dentro da realidade e memorizá-los como conteúdos privilegiados.

Certo, a axiologia filosófica moderna está muito distante da tomista: para Bacon e Descartes o critério é o dos fenômenos observáveis empiricamente e certamente não o dos valores teológicos inscritos na tradição. Ainda assim, em ambos os casos, o método mnemotécnico renunciou à própria exaustividade e à própria neutralidade a favor da seleção preventiva, do esquecimento direcionado, centralizado, decidido: aquilo que de certo modo torna homogêneos Tomás e os modernos, e os contrapõe à lógica mnemotécnica clássica, é a convicção de que o sacrifício do não essencial é indispensável para a sobrevivência do essencial, que a totalidade do mundo não pode ser reproduzida sem perdas organizadas ou casuais, entre as quais naturalmente é mister escolher as primeiras. O que os divide é o objeto do esquecimento: Tomás convida (implicitamente) a não memorizarmos determinados conteúdos, cuja contribuição à prudência é irrelevante ou mesmo negativa; Bacon e Descartes tendem, pelo contrário, a reduzir a amplidão do espectro memorativo, fontes de confusão. Em outros termos, o ideal tomista é o de um armazém onde são colocadas apenas algumas coisas, enquanto o objetivo lógico moderno é construir um arquivo que contenha somente os aspectos homogêneos dessas mesmas coisas (Bacon) ou mesmo somente os escalões de um método de pesquisa (Descartes).

Ora, é importante ressaltarmos que esses dois tipos de seleção axiológica preventiva (com base em valores de "conteúdo" ou em valores de "método") são completamente estranhos à mnemotécnica clássica. Para os antigos retóricos, qualquer objeto mental dado na *inventio* podia ser

---

4. F. Bacon, "Partis instaurationis secundae delineatio", *in Works*, v. III, trad. em italiano por Rossi, 1983, 183.

memorizado: para Bruno, até mesmo o mundo inteiro estava à disposição (em virtude da sua própria estrutura, revelada pela cabala) do conhecimento memorativo (cf. 1. 2).

Qual o tipo de modelo privilegiado pelas atuais memórias eletrônicas? Com a redução das imagens a *collages* de *pixel* televisivo, e com a transformação dos eventos em informações, somos levados a ver que a "mnemotécnica" contemporânea está muito próxima da moderna. Trata-se, porém, de uma impressão sugerida pela aparente analogia entre seleção preventiva por aspectos e tradução das lembranças em signos: a redução eletrônica não se considera a si mesma seleção mas conversão (ou tradução, no caso). Indicamos no segundo capítulo, a propósito da laicização da imagem eletrônica, que esta pode permitir-se a renúncia (tendencial) ao próprio estatuto metafórico em virtude da intensidade de sua metonimicidade (textualidade no sentido de *testis*, testemunho). Escreveu Gianfranco Bettetini que "a 'sociedade da técnica' recolhe continuamente memórias, transforma tudo em signo e em testemunho: produz uma forma excepcional de arqueologia, que se constitui simultaneamente com o primeiro devir das coisas, registrando-as, reproduzindo-as, duplicando-as, repetindo-as" (Bettetini, 1980). Trata-se, evidentemente, de um saber que se acredita superior ao mnemotécnico renascentista (para o qual a totalidade do conhecimento estava já dada de uma vez por todas) à medida que é capaz de absorver qualquer ampliação ou incremento do conhecimento; e todavia, sua lógica corre paralela a ele (e mais ainda à mnemotécnica dos retóricos) sob o ângulo da total (suposta) neutralidade em relação aos conteúdos reais ou possível. Se a televisão é – tendencial e essencialmente – "arquivo do tempo", porque predisposta a todos os possíveis eventos; se os bancos de dados são – também eles, tendencial e essencialmente – arquivo do mundo, porque predispostos a recolher todo o seu devir, a lógica arquivística de ambos prescinde de qualquer seleção *a priori* que não seja a da traduzibilidade[5]: sob esse

---

5. Não queremos com isso esconder que a totalidade do arquiva-

aspecto o mito da *clavis universalis*, da linguagem universal única, suscetível de exprimir toda e qualquer realidade, parece encontrar no universo eletrônico um surpreendente renascer, desta vez em função arquivística.

4.2. O Laboratório e o Armazém

Esclarecida – ou pelo menos delimitada – a questão da ativação preventiva do esquecimento, isto é, da seleção dos elementos a serem memorizados, resta enfrentarmos o segundo aspecto da relação entre lembrança e esquecimento, relativo à permanência da informação memorial no seu "lugar" ideal preestabelecido. Aqui, porém, encontramo-nos diante de uma fundamental ambigüidade terminológica: hoje, a psicologia geralmente aceita a articulação da sede metafórica das lembranças em dois diferentes níveis de colocação (Vallar, 1983)[6]. A distinção entre esses níveis – como tentaremos indicar – revela-se particularmente profícua no estudo dos processos técnicos de arquivamento, e requer, portanto, uma análise um pouco mais profunda.

Das duas grandes memórias humanas, a primária – *ou a curto prazo* – é capaz de conter por períodos mensuráveis na ordem dos segundos, quantidades limitadas de informações; a secundária – *ou a longo prazo* – pode, ao contrário, conter quantidades de informações mais relevantes por um período de tempo muito longo.

---

mento é uma pura miragem: na realidade, a seleção acontece diariamente, por exemplo, na informação. Todavia, parece-me significativo que, *não obstante* as seleções *de fato*, os arquivos continuem – explícita ou implicitamente – a pretender ou a buscar a exaustividade *de direito*, e que sobre esse mito de exaustividade se sustenta a peculiaridade da lógica memorial contemporânea.

6. Para ulteriores aprofundamentos aconselha-se o nº 19 de *Le Scienze Quaderni*, dedicado justamente ao tema da psicologia da memória.

Os dados que afluem à memória primária provêm da percepção do mundo exterior (e, de fato, o "registro" principal de conservação dessa memória parece ser físico: código acústico, visual etc.), ou de uma ativação do armazém mais vasto da memória secundária, através de uma espécie de re-pesca de um determinado dado já anteriormente filtrado e arquivado. Também o destino do material que ali transita é duplo: o material pode ser transmitido para a memória a longo prazo e nela conservado, ou pode ser simplesmente deixado de lado até esvaecer-se e ser esquecido de todo (cf. Vallar, 1983; Baddeley, 1982). No que concerne aos dados que afluem à memória secundária, ao contrário, sua proveniência está circunscrita exclusivamente à memória primária, ao passo que sua direção é tríplice: podem ser novamente chamados à memória a curto prazo da qual provêm, podem ser conservados sem ser utilizados, e podem, enfim, ser cancelados ou "esquecidos". O registro dessa memória é prevalentemente semântico, e prescinde portanto (via de regra) das características físicas do estímulo, associando então determinados significados a determinados significantes (cf. Baddeley, 1982).

Não obstante a psicologia tenha falado – principalmente a partir dos anos 60 – de armazém também a propósito da memória primária, essa definição parece certamente adequar-se mais à secundária: a memória a curto prazo seria mais oportunamente designada como "laboratório", dentro do qual o material informativo é retido (por exemplo, mediante a contínua repetição) não por razões conservativas, mas apenas – operativamente – para ser "tratado".

Como foi dito pouco acima, a distinção entre memória primária e secundária conduz facilmente ao setor do arquivamento técnico, e especialmente ao informático. De fato, o computador deve seu funcionamento ao jogo entre uma pluralidade de "memórias". Existe, antes de tudo, como é sabido, a distinção entre ROM (*Read Only Memory*), memórias não tratáveis mas – justamente como indica o nome – disponíveis somente à leitura, das quais constam os "programas de uso" da máquina; a RAM (*Random Access*

Memory), memórias voláteis e tratáveis, disponíveis à colocação dos dados, mas totalmente canceláveis pela simples falta de corrente elétrica ou mediante instruções apropriadas. O paralelo entre memória técnica e memorização psicológica torna-se, porém, mais evidente se contrapusermos a RAM, não à memória interna da máquina, mas às memórias de massa, isto é, aos suportes magnéticos (fitas cassete, discos flexíveis, discos rígidos, e assim por diante) nos quais os dados são armazenados.

Quando o operador trabalha num terminal, por exemplo, "carregando" dados para um arquivo, ele utiliza a RAM do seu computador, saturando-a com precisas instruções para a colocação na memória (veja-se o capítulo 1). Terminado o trabalho de arquivamento, para "salvar" autenticamente o que se fichou, é necessário transmitir à máquina a instrução de transferir ou "salvar" tudo o que foi "escrito" nas memórias de massa[7]. Só então, de maneira muito rápida, o coração do computador, a CPU ou unidade central, despeja as informações contidas na RAM no suporte magnético garantindo-lhes a sobrevivência. Como bem sabem todos os técnicos, a falta de energia antes da operação de transferência dos dados leva à perda de tudo quanto foi até então gravado na RAM.

Chegamos assim a uma nova possibilidade de esquecimento a ser considerada: referimo-nos ao esquecimento característico das "memórias a curto prazo", psíquicas ou técnicas. Nesse tipo de memória, o esquecimento é um estatuto fundamental, ou até mesmo definidor dessa faculdade. Se

---

7. Na verdade, em determinadas operações de pesquisa automática de dados particularmente complexas, a gravação em memórias de massa é feita diretamente, sem passar pela RAM. É o caso principalmente de coletas de dados tão numerosos e a tamanha velocidade que chegam a saturar – se acolhidos – a "memória a curto prazo" da máquina. Creio, todavia, que essa possibilidade não invalida a impostação desta parte do trabalho: substancialmente, no caso, a RAM, mais do que "saltar", delega o seu trabalho habitual às memórias de massa, para que elas o executem em seu lugar. Os termos, em perspectiva metafórica, permanecem, portanto, inalterados.

o esquecimento preventivo delimitava "por fora" o campo de ação da atividade de memorização, estabelecendo-lhe os confins, o esquecimento da memória primária decanta somente uma parte dos dados nela elaborados. É quase inútil observarmos que também esse aspecto do esquecimento é hoje freqüentemente afastado pelas rotinas arquivísticas: custa-nos, efetivamente, aceitar – e isso vale também para os produtores de informação – que amplas faixas de notícias fiquem sobre as mesas das redações, que haja eventos, que, embora transmitidos ao vivo talvez por alguma emissora do Terceiro Mundo, não sejam gravados, e enfim que a simples tarefa de arquivamento possa "esquecer", por algum defeito específico, determinadas informações[8]. Pode-se talvez dizer que na consciência do homem ocidental contemporâneo, já que o esquecimento preventivo se considera vencido pela visão totalizante do olho técnico, o esquecimento "em laboratório" parece derrotado pela onipresença dos meios de gravação, isto é, de memória técnica a longo prazo (Bettetini, 1984). Em outras palavras, a arquivística contemporânea parece trabalhar visando a substituir a seleção pela tradução (veja-se o parágrafo precedente) e a memória a curto prazo por aquela a longo prazo. O sonho, nem tão disfarçado, é portanto o de uma imediata e perfeita translação do mundo para uma memória inalterável e estanque no que diz respeito às perdas causadas pelo tempo e pelo esquecimento. Porém, atenção, é exatamente nisso que reside o mais agudo paradoxo da sociedade arquivística, pois não há memória a longo prazo que se mostre incapaz de esquecimento, sintoma de uma completude apenas ilusória e inatingível.

4.3. Elogio do Esquecimento

Ao passarmos à consideração da memória a longo prazo, deslocamo-nos para dentro do campo do esquecimento

---

8. Uma confirmação dessa indiferença em relação às reais perdas

visto no sentido tradicional, como a contrafaculdade de cancelar ou de fazer extraviar o que foi memorizado.

A psicologia formulou duas diferentes hipóteses explicativas para o fenômeo: a primeira interpreta o esquecimento como cancelamento progressivo da pista mnéstica, provocado pela degradação irreversível que o tempo comporta: a segunda vê o esquecimento como uma espécie de ocultamento causado pelo acúmulo de *engramas* ou recordações posteriores, que, sobrepondo-se ao que já fora memorizado, tornam-no efetivamente impossível de localizar (cf. Baddeley, 1982). A discussão relativa aos méritos e limites das duas hipóteses exorbita da alçada deste livro: mereceu, porém, avaliação as diversas concepções de memória à longo prazo subtensas às teorias do esquecimento.

A teoria do esquecimento como cancelamento pressupõe uma memória a longo prazo constituída por um campo-lembrança ao mesmo tempo vasto e limitado, onde os acréscimos subseqüentes levam à perda das aquisições iniciais. Essa explicação é obviamente simplista, já que nenhuma teoria psicológica subestima a capacidade de as lembranças precedentes (e principalmente de as organizações coerentes de lembranças, os chamados *scripts*[9]) determinarem a memorizabilidade das novas informações: mas também é verdade que a teoria em questão aceita fundamentalmente a idéia de um limite quantitativo da capacidade mnemônica. O mesmo limite é, em contrapartida, substancialmente negado pela segunda hipótese: se o extra-

---

de dados de um trabalho de redação é dada pelas pesquisas sobre o *newsmaking* (cf. Wolf, 1985).

9. O conceito de *script* em psicologia é absolutamente análogo ao conceito sociológico de *frame*: trata-se de agregações de dados que garantem a recognoscibilidade de novas experiências; naturalmente, dado o caráter definido delas, a elasticidade da elaboração é relativa. Para o estudo da memória social, o conceito de *script* ou de *frame* revelar-se-á provavelmente decisivo; neste trabalho apenas o afloramos, visto termos a atenção primordialmente voltada para os limites externos das memórias mnemotécnicas arquivísticas e não para a organização "semântica" dos seus conteúdos.

vio é determinado simplesmente pelo excesso de informações, que acaba interferindo na localizabilidade de uma lembrança, a capacidade mnemônica pode ser considerada ilimitada, e o problema do esquecimento reduz-se, no fundo, ao da praticabilidade de uma chave de acesso. A esse propósito escreveu Baddeley: "Alguns, com efeito, propendem a pensar que armazenamos tudo quanto experimentamos no curso de nossas vidas, e que cada coisa fica guardada em nossa memória simplesmente à espera da chave certa que libere as lembranças, permitindo-lhes afluir, numerosas, à nossa consciência" (Baddeley, 1982, 65).

Todavia, o primeiro nome que nos passa pela mente a propósito de tal teoria não é o de um psicólogo: é o de Marcel Proust, cuja "memória involuntária" nada mais é que acesso casual, efetuado através de uma sensação fortuita, a um eu precedente, isto é, a um estado consciencial totalmente encerrado numa certa fase temporal e oculto pelo acúmulo de experiências fruídas pelos eu subseqüentes[10]. Não faltam, porém, verificações neurocirúrgicas, como as experiências de Wilder Penfield, que, operando o cérebro de alguns pacientes e estimulando algumas zonas do córtex cerebral, neles provocou sensações similares a *flashbacks*, pelo menos aparentemente similares a recordações bastante completas de eventos reais (cf. Baddeley, 1982).

A questão do valor científico dessas teorias do esquecimento não é – como já observamos – pertinente aos escopos do presente trabalho. O importante é que ambos os tipos de esquecimento estão presentes no fenômeno da memorização técnica, exatamente no nível da gravação em suportes (e por conseguinte em nível de memória secundária) com fins arquivísticos.

Comecemos pelo esquecimento como cancelamento casual de uma pista: um dos problemas cruciais da arquivística técnica é a manutenção dos textos gravados em suportes. Os cinéfilos bem sabem que algumas cinematecas e midiatecas

---

10. Sobre o particular funcionamento das percepções como chave de acesso à memória involuntária em Proust, veja-se Richard, 1974.

particularmente importantes conservam em lugares adequados cópias únicas de filmes cuja utilização é impossível, dado o alto índice de desgaste ou pelos riscos que uma passada" para se ver ou gravar comporta. Aliás, a evolução técnica da película cinematográfica foi, em grande parte, historicamente motivada pela exigência de uma sempre maior durabilidade "vital" do filme. A fita magnética, sob esse ângulo, resolveu muitos problemas, não só por sua maior resistência ao desgaste, mas principalmente pela facilidade e o baixo custo de elaboração de cópias conformes. Curiosamente a prática arquivística doméstica afasta, em geral, este último problema: são poucos aqueles que se preocupam em fazer, ou mandar fazer, boas cópias do material que possuem, demonstrando uma substancial confiança na duração quase ilimitada do suporte de gravação. É interessante observar que essa confiança é, amiúde, inversamente proporcional à taxa bastante baixa de confiabilidade dos suportes, mesmo dos sofisticados.

Visto não podermos dar conta de todo o vasto campo dos meios de gravação, limitamo-nos a um sintético porém minucioso exame dos "pontos de ruptura" dos suportes para o arquivamento de dados e programas de computadores, as chamadas memórias de massa: discos *floppy*, discos rígidos e fitas de todo tipo. Os discos *floppy* são pequenos discos flexíveis de *mylar*, revestidos de óxido magnético, fechados em estojos quadrados dentro dos quais giram quando utilizados pelo *drive* (sistema de inscrição/leitura); variáveis nas dimensões, número de faixas utilizáveis, densidade de gravação e técnica de setorização (organização das informações) sua leitura é feita através de um cabeçote colocado no *drive* e que entra em contato com a superfície deles[11]. Os limites que os caracterizam são a fragilidade e a exposição ao ambiente através das aberturas do estojo, que lhes pode causar problemas de temperatura, poeira, líquidos e vapores, ou interferências eletromagnéticas. Os discos *floppy*,

---

11. Para a catalogação dos riscos e das respectivas proibições na conservação dos dados, cf. Zaks, 1983.

especificamente, toleram em geral temperaturas compreendidas entre dez e cinqüenta graus centígrados e uma umidade de dez a oitenta por cento, e no tocante às demais características de exposição ao ambiente é aconselhável mantê-los distantes da fumaça e das máquinas, dos solventes, dos aparelhos telefônicos e objetos metálicos, bem como de todas as superfícies "disponíveis" ao acúmulo de cargas eletrostáticas. O desrespeito a tais precauções, junto com natural envelhecimento decorrente, por exemplo, do desgaste, provoca diversas formas de esquecimento, assim catalogáveis: a) *drop-out* ou desaparecimento da informação, b) *drop-in* ou aparecimento de informações supérfluas e nocivas, c) deslocamento de informações de um setor para outro do disco (Zaks, 1983).

Terá sentido chamarmos de *esquecimento* tais incidentes técnicos? Certamente que sim, se considerarmos que eles acarretam não só o extravio definitivo de uma pista mnéstica, mas, na maioria dos casos, dada a característica das relações entre informações, até mesmo o extravio de todo o conjunto de dados gravados no disco. Antecipando, momentaneamente, uma possível conclusão, poderíamos dizer que os suportes da técnica eletrônica não são mais confiáveis que os outros mais clássicos (como por exemplo os de papel), sob o ângulo da durabilidade, mas é natural que o sejam dentro da perspectiva da acessibilidade e da rapidez na localização das informações. E, todavia, os lançamentos publicitários desse tipo de suporte fazem referência justamente ao mito da durabilidade, deixando em segundo plano o problema do acesso e aderindo ao deslumbramento arquivístico da abrangência e da inalterabilidade, que, embora sem atingir os técnicos, cuja regra áurea é multiplicar as cópias (o que já é uma demonstração de pouca confiança no suporte), parece invadir o *esprit du temps* eletrônico.

Voltemos à descrição das características e dos limites mnemônicos dos suportes, analisando agora os discos rígidos. Estes são construídos com material leve e anelástico, revestido de óxido magnético. Sua estrutura torna-os mais sólidos do que os discos *floppy*; além disso, são lidos por meio de um cabeçote que não entra em contato com a superfície, mas flutua a curta distância (cerca de 100 mícrons) sobre uma pequena almofada de ar. Esse procedimento limita naturalmente o desgaste, mas submete o disco a um risco bastante grave, o chamado *head crash*, isto é, o impacto entre cabeçote e disco que provoca danos amiúde irreparáveis (Zaks, 1983). No mais, os riscos que correm os discos rígidos são quase os mesmos a que estão sujeitos também os discos *floppy*. Considere-se porém que cada pequena saliência da superfície, determinada seja pela poeira, por marcas de dedos, partículas de fumaça ou cabelos, pode provocar o *head crash*. A maior durabilidade desses suportes é, portanto, compensada pelo risco de incidentes, tanto que as instruções para uso dos discos rígidos sugerem a execução de cópias do suporte quando este for utilizado com uma freqüência de, ao menos, uma vez por dia.

Emergem aqui, com maior clareza ainda, as duas possibilidades de esquecimento técnico por cancelamento: a primeira, ocasionada pelo desgaste "natural", proporcional ao tempo de utilização potencial ou efetivo; a segunda, relativa à possibilidade de um acontecimento traumático, de um "desastre" imprevisto cuja incidência estatística está, contudo, na melhor das hipóteses, na ordem dos vinte e cinco por cento (*idem*). O dado mais curioso é que a solução de um dos dois problemas aumenta proporcionalmente a incidência do outro: isto é, os suportes menos sujeitos ao desgaste são os mais sujeitos a desastres e vice-versa[12]. É, portanto, significativo que se aconselhe a multiplicação das cópias, índice, como já foi observado, de uma não-confiabilidade nitidamente em contraste com a mentalidade que parece ser a

---

12. Solução aparentemente global para esse aspecto do esquecimento técnico é a que nos oferece o videodisco: "lido" por um laser, está ele pouco sujeito ao desgaste e ao mesmo tempo protegido de graves "desastres". Será útil recordarmos, mais uma vez, que o problema crucial dos suportes materiais reside justamente na sua "materialidade", naturalmente sujeita a riscos diversos e peculiares em relação à "mentalidade" da memória humana.

do usuário amador. Se considerarmos que a grande difusão dos microcomputadores tornou praticamente normal o uso como suporte memorial doméstico do cassete com fita magnética, habitualmente utilizado em gravações sonoras, a questão passa a formular-se com maior radicalidade ainda: não raramente amadores possuem fitotecas bem fornidas de programas ou *files* em cópia única, destinados mais cedo ou mais tarde ao desaparecimento causado pelo desgaste.

De fato, as fitas, o terceiro tipo de memória de massa, que funcionam em gravadores cassete normais ou em caros *drives* de padrão profissional, estão menos sujeitas a desastres, mas sua utilização provoca amiúde defeitos de vários tipos, como por exemplo os já citados *drop-in* e *drop-out*, além do chamado *error-growth*, ou aumento de erros, que consiste na ampliação de zonas defeituosas (*idem*). O esquecimento desses suportes pode, em alguns casos, ser consertado, mas geralmente o dano reaparece, causado pelo contínuo atrito do cabeçote de inscrição/leitura. Inútil reafirmar que a única regra sugerida pelos especialistas é a já consueta multiplicação das cópias.

Até aqui – se bem que através da única e sintética exposição do exemplo constituído pelos suportes magnéticos para memórias informáticas – vimos o esquecimento como cancelamento de pistas: evento inerente à estrutura das memórias técnicas, reconhecido e previsto pelos operadores, mas, ao que parece, curiosamente omitido pelo grande público e pelo saber social referente ao assunto.

De marca diferente pode ser considerado o esquecimento a longo prazo, que se define como extravio da chave de acesso às informações decorrente de uma sobrecarga de dados acumulados. O primeiro nível desse risco é a desordem, mas sobre a luta contra a desordem já discutimos quando estudamos os critérios de ordenação e localizabilidade dos sistemas mnemotécnicos no primeiro capítulo. O segundo nível é mais sutil e mais difícil de examinar: trata-se da indiferença com relação ao acesso ao sistema.

Os sistemas mnemotécnicos clássicos sempre vincularam a lógica arquivística a um pressuposto não explícito, segundo o qual o objeto arquivado continha um valor forte que tornava óbvia a necessidade de encontrá-lo. Para os retóricos esse valor estava na própria oração e, principalmente, no seu *argumentum*, descoberto através da *inventio*: para os mnemotécnicos dominicanos e, no fundo, também para Tomás de Aquino, estava no conjunto dos vícios e virtudes ancorados no originário; para os filósofos-magos renascentistas estava no mundo-tudo, animado pela imanente presença da divindade; e, enfim, para os fautores da memória moderna, nas técnicas do saber ou nos seus escalões fundamentais. Vale a pena, agora, perguntarmos qual o valor de legibilidade da sociedade tecnológica pós-moderna: a interpretação que dá Lyotard (Lyotard, 1979) aproximaria esta última da sociedade moderna, com sua identidade de saber e poder, e a relativa identificação entre informação e moeda. O próprio Lyotard, porém, observa que o valor da informação mede-se com base no valor-notícia: é, portanto, fruto, também, da novidade e decresce com o arquivamento dessa mesma informação. Nos capítulos precedentes já reafirmamos repetidas vezes a proximidade entre a obsessão arquivística contemporânea e a renascentista: nesse sentido, o valor da legibilidade seria o próprio mundo. Ainda assim, como já observamos, entre a era renascentista e a da tecnologia eletrônica corre o sulco de um processo de erosão do real que denominamos, weberianamente, "desencanto": a redução do objeto ao seu signo – imagem ou dado – possuível e arquivável; a tomada de posse de um mundo sem centros através do seu esvaziamento e da sua reconstituição em *imago* cada vez menos testemunhal e cada vez mais auto-suficiente e autojustificante. Sendo assim, pode-se observar – sem necessariamente cair no apocalipsismo – que a lógica arquivística contemporânea tem em si mesma o próprio valor: ela conserva, baseada no pressuposto de que a conservação é necessária. Não é, portanto, o objeto que torna valiosa a sua própria lembrança, é a lembrança que torna valioso o objeto lembrado. No fundo, não poderia ser diferente numa obsessão social que detesta o esquecimento e remove o esquecido como uma inquietante prova da impossibilidade de um arquivamento totalizante.

E é justamente o valor forte do acúmulo que torna menos relevante o acesso ao acumulado (Bettetini, 1980). O importante não é mais recordar, praticar a memória, é saber que a recordação está depositada em algum lugar e que sua recuperação é – pelo menos na teoria – possível. Das duas faculdades mnésticas isoladas por Aristóteles (a *mnémē*, faculdade da conservação, e a *anámnēsis*, que consiste na recuperação do passado), pode-se dizer que a sociedade, na sua dimensão arquivística, privilegia a primeira, em total detrimento da segunda (Petrosino, 1983). Ora, se os "córtices cerebrais exteriorizados" (para utilizarmos novamente a expressão de Le Gourhan) são simples armazéns ordenados, aos quais temos acesso apenas para depositar, como ainda pensar que eles se identificam com a memória social das coletividades? Ou devemos pensar que memória técnica e esquecimento coletivo podem, no fim das contas, conviver, e que aliás, sob certos aspectos, já estão convivendo? Os grandes bancos de dados e as imensas midiatecas resolveram realmente o problema do esquecimento? Ou a existência das lembranças em quantidades completamente novas, e até há pouco tempo impensáveis, coincide paradoxalmente – pelo menos como tendência – com uma abdicação das capacidades de gestão e acesso?

Ao que parece, a questão do esquecimento torna a repropor-se: talvez nenhuma sociedade precedente haja temido tanto o esquecimento quanto a nossa que quis combatê-lo até a raiz. No presente capítulo gostaria de ter mostrado que a vitória é apenas o resultado aparente dessa luta. No fundo, porém, o problema tem a ver com o próprio estatuto da memória, pois nela o esquecimento sempre foi, historicamente, considerado elemento determinante. As grandes formas mnemônicas tentaram salvar do esquecimento alguma coisa, tentaram constituir uma ilha, uma arca na qual o essencial pudesse abrigar-se do tempo e se estendesse ao longo da alternância de gerações. Isso equivalia a admitir a essenciabilidade do esquecimento e a limitação da memória. As formas arquivísticas contemporâneas, ao contrário, parecem querer confinar o esquecimento na categoria de um incidente de percurso, promovendo a totalidade da memorização. Trata-se – como já afirmei diversas vezes – de uma tendência, e sobretudo de uma imagem falsa, obrigada, para afirmar-se, a afastar as realidades do desgaste e do desastre, além da seleção *a priori* e do extravio a curto prazo. É particularmente a remoção do esquecimento a longo prazo – em ambas as suas formas: cancelamento e perda da possibilidade de acesso – que constitui um surpreendente pressuposto totalizador de "imperialismo mnemotécnico": os aspectos-limite de tal pressuposto foram bem exemplificados em dois recentes filmes norte-americanos.

No primeiro, *Rollerball*[13], o protagonista dirige-se a um dos raros bancos de dados centrais de um mundo do futuro, no qual – orwellianamente – grande parte do passado foi ocultada aos não-dirigentes. Sua viagem, porém, é inútil: o grande computador, que contém em sua memória a inteira história da humanidade, enlouqueceu justamente no dia da visita do protagonista e cancelou um século inteiro.

No segundo filme, *Os Caçadores da Arca Perdida*[14], a Arca da Aliança, que se revelou uma arma extraordinariamente possante e praticamente mortal, é armazenada pelo serviço de segurança num imenso barracão, repleto de armas secretas: o seu destino, a sua unicidade, desvanecem-se em meio ao excesso de instrumentos acumulados.

São duas formas de esquecimento: dois "incidentes", ainda que graves, de sociedades arquivísticas que aparentemente cancelaram a possibilidade do esquecimento. Em confronto, inesquecíveis páginas de literatura continuam a lembrar a extraordinária importância do esquecimento, que é o destino do homem, sem o qual o homem não vive. Entre mil, escolho as palavras de Borges diante de um cemitério: "(...) Aqui sob os epitáfios e as cruzes não há quase nada.

---

13. *Rollerball*, direção de Norman Jewison, EUA, 1975.

14. *The Raiders of the Lost Arch*, direção de Steven Spielberg, EUA, 1981.

Aqui não estarei eu. Estarão meus cabelos e minhas unhas que não saberão que o resto morreu, e continuarão a crescer e virarão pó. Aqui não estarei eu, que farei parte do olvido, essa tênue substância de que é feito o universo"[15].

---

15. J. L. Borges, "La Recoleta", in *Atlas*, 1984.

5. MEMÓRIA E IDENTIDADE

It seems, as one becomes older,
That the past bas another pattern,
and ceases to be a mere sequence –

(T.S. Eliot, *Four Quartets*, "I Dry Salvages", II, 37-38.)

5.1. Sujeito e Lembrança: uma Questão

O caminho até aqui percorrido delineou – ou melhor, esboçou – os traços da sociedade arquivística (ou mais exatamente, do aspecto arquivístico da sociedade complexa), nascida da mais extrema evolução dos países industriais. Tentei, no primeiro capítulo, individuar as características dos sistemas de memorização contemporâneos, até postular a existência de uma verdadeira "filosofia da memória" que permearia a história cultural do mundo ocidental e encontraria na técnica do silício a oportunidade para a sua definitiva afirmação. Já nos capítulos subseqüentes tentei ressaltar as diferenças fundamentais entre a percepção da função da memória na nossa era e – embora sob muitos aspectos análoga – nos séculos mais "mnemotécnicos", dedicando particular atenção à Renascença italiana. Daí emergiu o processo de progressivo desencanto com que a consciência coletiva usufruiu das capacidades de recordar: o relativo esvaziamento do significado testemunhal da imagem é disso um signo exemplar, assim como as modificações da construção do tempo e do valor do esquecimento constituem suas conseqüências mais relevantes. O quadro geral que emerge desse percurso é, portanto, o de uma memória constituída mediante tradução das lembranças em signos, espacialização da colocação, acesso visto como viagem heterodirigida; por outro lado, a esses aspectos que homologam as novas mnemotécnicas aos antigos sistemas de memória, juntam-se motivos fundamentalmente diferentes como a dessacralização dos signos-lembranças, a sempre maior abstração do tempo medido, destituído da sua própria faculdade de evocar um horizonte natural, e, por fim, o mito do cancelamento do esquecimento, afastado pela consciência coletiva como problema e, todavia, reintroduzido sub-repticiamente – sob formas diversas – na própria arquitetura dos arquivos sociais. Resta indagarmos sobre o papel do homem como sujeito de memória numa sociedade arquivística assim constituída; em outras palavras, sua identidade de sujeito rememorante: questão nada simples, já que a própria noção de identidade é hoje discutida pela filosofia e pela sociologia em perspectivas que divergem amplamente da tradição clássica, e parecem levar à enfatização de um "desaparecimento" da identidade forte em favor de um sistema reticular de coordenadas[1], a ponto de fazer-nos pensar que a questão não possa sequer ser formulada em termos teóricos (pois se não há identidade, com que objetivo e com que

---

1. Além das indicações e argumentações sintetizadas no presente capítulo, é oportuno recordar o debate italiano sobre a subjetividade fraca, ainda hoje bem exemplificado em Vattimo-Rovatti, 1983.

esperanças tentar individuar-lhe o estatuto em relação à questão memorial?). Todavia, a antiga consciência da profunda conexão existente entre capacidade de lembrança e auto-afirmação e reconhecimento da própria unidade consciencial (cf. Ponticelli, 1980) implica o dever teórico de enfrentarmos o problema, nem que apenas para dele constatarmos a superação ou ressaltarmos as lacunas perspécticas.

Também aqui será útil partirmos daquele crucial momento histórico que vê o renascer humanístico e o florescer de doutrinas mnemotécnicas solidamente ancoradas na gnosiologia e antropologia clássicas, ambas, por sua vez, fundadas na idéia "forte" de identidade, isto é, no tema do sujeito como substância – substrato inalienável, que reconhece o próprio ser-uno mediante a consciência e a memória: à primeira cabe a tarefa de unificar numa perspectiva comum as heterogêneas percepções do mundo, e à segunda, situar no tempo unitário o fluir de seus momentos vitais.

Já no primeiro capítulo lembramos a função de centralidade assumida pelo homem – e em especial pelo filósofo-mago – nas teorias filosófico-cabalísticas da Renascença: o indivíduo dotado de alma ocupa, segundo Pico della Mirandola, o centro da constituição universal (*De Hominis Dignitate*); também Marsilio Ficino (*Teologia Platônica*) exalta a medialidade entre mundo material e mundo superno, e o tema da harmonia entre o homem microcosmo e o Macrocosmo é retomado por quase todos os expoentes da corrente neoplatônica e neopitagórica (um franciscano de Veneza, Francesco Zorzi, desenvolve-o bastante exaustivamente em sua obra *De Harmonia Mundi*, de 1525[2]); enfim, Giordano Bruno situa o mago no centro de um sistema de símbolos mnenômicos de forma circular, cujo conhecimento viabiliza não só a posse do conhecimento do mundo inteiro mas do próprio poder mágico (Yates, 1964). O dado saliente dessas concepções – é que a identidade humana nelas se define com base no lugar ocupado pelo sujeito dotado de

---

2. Veja-se a discussão sobre o assunto em Yates, 12 e ss.

alma na constituição universal, e que a memória desta constituição, articulada num sistema, deve sua importância primária à capacidade de desvendar o poder e o saber que sempre pertenceram ao homem em virtude de sua posição ontológica.

Ora, a identidade do homem colocado no centro do universo tem todas as características "fortes" do saber clássico: define-se com base em uma existência objetiva, uma constituição ôntica (é a alma que define o homem e o torna, na qualidade de *copula mundi*, partícipe da terra e do céu a um só tempo). Num universo animado pela força de uma divindade onipotente, o indivíduo reconhece na própria memória o único caminho possível para o conhecimento "interior", congênito às coisas: nesse sentido, a memória mágica e cabalística renascentista permite ao homem tomar conhecimento de sua centralidade e de sua própria tarefa.

Como já salientamos, os sistemas da memória dos séculos XV-XVI apresentam a uma observação atenta muitos pontos de contato com as memórias técnicas contemporâneas e sua ideologia totalizante: para a filosofia mágica, o conhecimento era possível graças à captação do código universal subtenso ao mundo; para as memórias técnicas e para o comportamento social que parece dirigir seu uso (principalmente em virtude da extensão do registro), ele é possível graças à potencial (ainda que utopística) coincidência entre registrável e registrado. Ainda assim, o papel da identidade humana sofre importante redução na concepção arquivística contemporânea: a confiança nos meios de registro mecânico, a falta de confiança na memorização subjetiva, e mesmo o cego abandono à materialidade do suporte como único meio para salvar do esquecimento parecem, isso sim, indicar uma identidade individual "fraca", incapaz de conservar, já que destinada, ela mesma, à perda e ao aniquilamento. Se para os renascentistas a importância do sistema memorial estava estreitamente ligada à função do indivíduo-homem no mundo, para a consciência arquivística contemporânea os arquivos suprem as falibilidades do sujeito humano, substituem-no, e no limite transcendem-lhe a parcialidade, garantindo, se não sua imortalidade, pelo menos a imortalidade do saber que ele ajuda a ampliar. Do antropocentrismo renascentista, passamos então à excentricidade do homem em relação ao sistema memorial: a razão de ser dos bancos de dados e das atividades de registro continua sendo sua funcionalidade no que diz respeito a projetos antrópicos, mas é indubitável que também aqui o "desencanto" agiu no sentido de encontrar as razões de uma exterioridade memorial na superioridade do mecânico sobre o humano, da estrutura social sobre o indivíduo que colabora para que ela exista. Resta, portanto, esclarecermos os percursos através dos quais este "desencanto", já enfatizado a propósito de outras características ligadas aos processos de arquivamento, interfere na idéia de identidade e, por conseguinte, no sentido da descentralização do homem em relação aos mecanismos de representação e conhecimento do mundo.

5.2. Sujeito, Identidade

O primeiro caminho a ser percorrido para chegarmos à individuação da crise da subjetividade considerada como relativização da identidade é o da especulação filosófica. Após o neoplatonismo renascentista, com a sua identificação entre homem e cosmo numa comum harmonia, a filosofia moderna soube colocar a subjetividade como tronco inicial da auto-reflexão. De Descartes em diante, o sujeito serviu sempre de *incipit* para o percurso metafísico: quer se tenha tratado do *cogito* cartesiano, da *Ichheit* fichtiana, ou do *Geist* da *Fenomenologia do Espírito* hegeliana, foi sempre a mesma figura de subjetividade que se reapresentou (cf. Vidali, 1981). Essa tradição de pensamento, que culminou no idealismo alemão, foi, como é sabido, criticada pelo chamado triângulo da suspeita, aquela tríade de filósofos (Marx, Nietzsche e Freud) que afastaram o eu do centro do cosmo, atribuindo a este último dinâmicas de caráter econômico, ontológico ou incônscio, não controláveis pelo homem[3].

Em particular, a negação do *sub-jectum* originário que se confronta com o mundo e com outros homens é evidente em Nietzsche, que no aforismo 354 de *A Gaia Ciência* interpreta o sujeito como mera conseqüência da necessidade de comunicação emergente da luta pela sobrevivência, e estruturado segundo hierarquias evidentes na própria formação da língua (Nietzsche). No aforismo nietzschiano a negação do *sub-jectum* acompanha a dissolução do sujeito em linguagem ou, mais exatamente, em estruturas lingüísticas organizadas sem base num originário consciencial e sim produzidas pela interiorização de um sistema de domínio. A dissolução do eu na filosofia contemporânea (também presente, recordamos de passagem, em muitas refundações "fracas" da metafísica) caracteriza-se, portanto, como uma remoção da originalidade consciencial, como um cancelamento da idéia clássica do *homo minor mundus*, tão cara à arquivística renascentista. O que se nega, em outras palavras, é a centralidade do sujeito; e o que se afirma no lugar dela é a nova originalidade do mundo e das suas estruturas.

Uma revisitação do percurso filosófico contemporâneo nesses termos naturalmente nos levaria demasiado longe. Ao invés disso, é possível – e talvez suficientemente significativo – tentarmos uma reconstrução de algumas conseqüências culturais causadas pela modificação do quadro ideal obtido na segunda metade do século XIX através de experiências literárias ou críticas. É aqui, de fato, que se torna particularmente evidente a dispersão do sujeito, sua nova identidade fictícia e fragmentária, sua nova multiplicação na diacronia assim como na sincronia. Um excelente exemplo de fragmentação diacrônica é oferecido pelos personagens de *Em Busca do Tempo Perdido* de Marcel

---

3. Assumimos aqui a definição sem discutir-lhe o *côté* filosófico: o que importa observar é que a relevância dos três autores em questão parece derivar exatamente do significado de sua oposição ao quadro interpretativo tradicional.

Proust, obra central para a compreensão das transformações da atmosfera cultural na virada do nosso século. Para Proust, a pluralidade do sujeito é um dado adquirido e incontrovertível: o rosto humano é comparável ao de um deus oriental, cujas faces justapostas em planos diferentes e dispostas em cacho jamais podem ser vistas juntas (Proust, 1918, 522). Sua culta visão da framentariedade subjetiva tem como mola propulsora um idealismo de base que reconduz toda percepção à absoluta subjetividade representante: a partir dessa premissa pode o autor afirmar que a existência-para-nós dos outros seres está relacionada ao nosso encontrar-nos com eles, e que as sucessivas aparições do mesmo ser são conduzidas a formas e dimensões diferentes pela perspectividade mutável do nosso olhar, que propicia, de contínuo, lados e caracteres antes inobservados.

O mundo traduz-se, assim, numa simples afeição subjetiva e mutável à qual somente o eu é capaz de dar sentido. Proust coloca-se ainda, até aqui, numa perspectiva de centralismo subjetivo por assim dizer "clássica". Outros trechos da sua obra, porém, revelam a amplidão do passo que dá na direção da pluralidade do sujeito, cuja unidade estrutural não aceita, por reconhecer a substancial diversidade introduzida pelo tempo entre as fases sucessivas da existência individual. Cada passagem de uma fase a outra do eu é, portanto, "uma verdadeira morte de nós mesmos, morte seguida – é verdade – de ressurreição, mas em um eu diferente e a cujo amor não podem alçar-se as partes do antigo 'eu' condenado a morrer" (*ibid.*, 266). Nesses termos, Proust pode negar não somente a unidade do sujeito, mas igualmente a de sua auto-representação: não somente o eu é de fato composto de fases sucessivas e independentes, como cada uma dessas fases não tem consciência da outra, justamente porque não o é mais ou não o é ainda. Assim, em *Em Busca do Tempo Perdido*, o que Swann deseja saber sobre as relações entre a sua amada Odette e o senhor de Forcheville torna-se irrelevante para seu novo eu desamorado; e o Narrador pode perceber que estava radicalmente mudado sem por isso sentir-se nem de longe perturbado: "Não nos afligimos por estarmos mudados, com o passar dos anos e na ordem sucessiva dos tempos (...) e a razão pela qual não nos afligimos é sempre a mesma, é que o eu eclipsado (...) não está lá para deplorar o outro que é (...) todo nós; o vilão não se preocupa com a sua vilania porque é vilão, e o esquecido não se entristece com a sua falta de memória justamente porque esqueceu" (Proust, 1925, 239-240).

O exemplo literário oferecido por Proust não foi naturalmente escolhido por acaso: na *Busca*, a questão da identidade formula-se em estreitíssima relação com a da memória, tanto que a "redução" de uma pode acontecer somente através da "redução" da outra. A pluralidade dos "eu" contemporâneos e sucessivos de que fala Proust é, portanto, possível, uma vez que a extensão da memória abrange e define, no máximo, a duração atravessada por um só deles. É esta, exatamente, a "memória involuntária", a "ressurreição" do "eu" passado, que comporta o momentâneo eclipse do "eu" presente: as recordações conservadas permanecem ligadas ao objeto (não ao sujeito) e às emoções que este suscitou em nós.

A chamada "memória voluntária", constituída pela inteligência e pela imaginação, e que abrange todo o feixe de "eu" de que se compõe o indivíduo, é para Proust simples mascaramento do esquecimento: a inteligência cancela, de fato, durante a transferência de um para outro dos nossos "eu", o revérbero das mil coisas associadas a cada mínima percepção, eliminando tendencialmente a possibilidade de "ressurreição" dela; a imaginação, ao contrário, substitui as recordações por imagens adequadas às exigências do novo "eu", direcionando, por assim dizer, o passado e o presente para o futuro que ele deseja para si.

Torna-se, portanto, evidente que Proust esvazia de sentido a memória clássica que ele chama de "voluntária" e aparentada com o esquecimento. Se aquilo que afirma e permite reconhecer a identidade do sujeito mascara o mundo, então a memória não mais define o indivíduo, mas dele projeta uma simples ficção na tela da consciência. Daí, a substancial desconfiança acerca da capacidade de recuperação do passado por parte do indivíduo, desconfiança que me parece perfeitamente coerente com a que a sociedade nutre em relação aos mitos arquivísticos. Deixemos porém para mais adiante este problema. Influenciado pela reflexão bergsoniana, Proust concentra sua atenção na diacronicidade e no tempo, e analisa portanto a fragmentariedade subjetiva quase sempre pela vertente da sucessão. Caberá ao estruturalismo tematizar de maneira peculiar a fragmentação sincrônica, isto é, a pluralidade do sujeito a cada instante, possibilitada pela dependência do eu em relação às estruturas da sociedade e da linguagem. Entre os muitos testemunhos disponíveis, releiamos aqui brevemente o de Barthes, certamente uma das personagens que mais coerentemente soube completar a própria parábola evolutiva na linha saussuriana do estruturalismo lingüístico e semiótico. Segundo Barthes, o sujeito, fragmentado de fato, só pode ser considerado unitário e idêntico a si mesmo pela força dóxica* do imaginário (por imaginário ele entende, naturalmente, a forma da representação de si determinada pelas convenções sociais e lingüísticas) (cf. Barthes, 1973 e 1975).

Aliás, o sujeito é a forma específica da *rea*presentação, já que – numa concepção rigorosamente fragmentarista – não há nenhum núcleo estável a *re*presentar. O eu, agregado de mônadas realmente independentes, tenderia portanto a *rea*presentar-se como unitário através da ficção da identidade, isto é, através da convicção ideológica da existência de um núcleo ao qual todas as partes seriam reconduzíveis. À ficção do imaginário, Barthes contrapõe a possibilidade da *atopia*: "*Fixo;* eu sou fixo, destinado a um lugar (intelectual), a uma residência de casta (se não de classe). Contra isso, uma única doutrina interior: a da *atopia* (do habitáculo à deriva)" (Barthes, 1975, 58). Atopia é o percurso rumo ao

---

* Do grego *doxa:* opinião, crença. Veja-se Armand Cuvillier, *Pequeno Vocabulário da Língua Filosófica*. Tradução e adaptação de Lólio Lourenço de Oliveira e J. B. Damasco Penna, São Paulo, Cia. Editora Nacional, 1969. (N. da T.)

não-lugar, rumo à própria impossibilidade de fixação num único sentido.

O sujeito dividido, sobre o qual fala Barthes, não é contraditório, porque nele a contraditoriedade foi abolida; em termos mais simples, está disperso, difratado, espalhado numa dança cujo sentido é ab-rogado. Sua característica nova é a diferença[4] de si e de todas as coisas, que abole o conflito tornando homóloga qualquer escolha, qualquer ação. Nessa pluralidade do sujeito, também o corpo aparece representado como disperso, determinado pela sua posição no mundo, pelo ambiente que o circunda, pela ação que decide realizar (ou a não realizar): "Que corpo? Temos vários. Tenho um corpo digestivo, um corpo nauseabundo, um corpo com dor de cabeça, e assim por diante: sexual, muscular, humoral e sobretudo: emotivo. Por outro lado (...) tenho um corpo parisiense (esbelto, fatigado) e um corpo camponês (repousado, pesado)" (Barthes, 1975, 70-71).

Não é difícil encontrarmos profundas assonâncias entre os discursos de Barthes e Proust: o papel da força dóxica do imaginário que reagrega o sujeito é assaz similar ao da memória voluntária tecida de esquecimento. Também lá encontramos uma substancial desconfiança acerca da identidade humana, entendida como produto de uma ficção superestrutural.

Por outro lado, a extensão-limite do discurso barthesiano não é irrelevante aos propósitos do nosso tema: antes de mais nada, porque revela o estatuto da reflexão teórica fragmentarista que pretende ser fenomenológica ao invés de fundativa; em segundo lugar, porque indica claramente a sua (suposta) extensão (não se trata do sujeito da linguagem, mas do sujeito-corpo, isto é, do sujeito social); enfim, porque manifesta de modo completo seu extremismo interpretativo, visto como uma formulação externa ao quadro

---

4. Ou, como escreve sinteticamente o próprio Barthes, "a alternância do zero e do seu cancelamento" (Barthes, 1973, 71). É aqui evidente a referência às idéias de Derrida, 1967.

clássico de pensamento. Em outras palavras, a extensão da concepção fragmentarista ao corpo humano impõe à nossa reflexão um exame ulterior, quando então a questão se formula no nível da leitura do real em sua auto-elaboração histórica, isto é, no âmbito das ciências humanas.

Nesse nível, como lembra A. Melucci (Melucci, 1982), a noção de identidade baseia-se em três elementos de recognoscibilidade: a) a permanência de um sujeito (ou de um objeto) no tempo; b) a unidade que permite distinguir aquele sujeito ou aquele objeto de todos os demais; c) a identidade no sentido exato do termo, ou seja, a relação entre dois elementos que permite reconhecê-los como idênticos (isto é, permite afirmar sua coincidência). Essa definição funda-se num importante pressuposto: visto que se predispõe à aplicação em objetos, indivíduos e grupos, ela seleciona as características comuns, e com isso admite que a noção de indivíduo e a de grupo ou de coletividade são – ao menos nesse nível – comparáveis e por conseguinte dificilmente separáveis. Daí a convicção, amplamente confirmada nos mais recentes debates sobre o assunto (Lévi-Strauss, 1977; Sciolla, 1983), que a identidade de um sujeito individual não é, no fundo, compreensível fora de sua colocação social. É justamente nesse ponto que me parece emergir com absoluta clareza aquele ponto de vista contemporâneo (cuja matriz reconhecemos no "triângulo da suspeita") já anteriormente por nós focalizado: é aqui, de fato, que a noção de identidade se vê desembaraçada da sua própria fundamentalidade, reduzindo-se a produto de uma relação e de um processo. A tal propósito, V. Cesareo, por exemplo, discutiu amplamente a dependência que liga determinada teoria tradicional da socialização a uma clave freudiana de leitura do problema da personalidade, aliás, freqüentemente reinterpretada em sentido redutivo, no nível dos simples fenômenos de introjeção do superego (cf. Cesareo, 1985). Por outro lado, uma leitura da memória social, como o faz M. Halbwachs, ressalta justamente a noção de grupo como "agregado momentâneo de pessoas", não necessariamente permeado de uma identidade "forte";

também o indivíduo se torna, portanto, uma simples sucessão de fases, determinadas pelos "grupos", e que ele se vê no dever de atravessar (Halbwachs, 1968): ulterior confirmação da função puramente operativa do conceito de identidade.

5.3. Memória, Identidade

Como dissemos, a questão da identidade não pode ficar indiferente ao problema da memória: se numa concepção "clássica" o patrimônio mnemônico *define* a identidade, à medida que permite ao sujeito reconhecer o seu próprio permanecer no tempo, já numa visão "crítica" como a contemporânea, essa identidade transforma-se em mera etiqueta externa para o reconhecimento de um grupo, que se define com base nas relações com o mundo exterior e por conseguinte com base na própria *diferença*.

A esse quadro interpretativo cumpre-nos ademais acrescentar a observação da progressiva exteriorização das lembranças individuais e sociais, ali onde documentos, imagens, objetos-lembranças, seqüências de dados ascendem à função de depositários de memória, parece perder relevância a capacidade pessoal de rememoração de fatos e eventos, além da própria idéia de história como fluxo dentro do qual estamos inseridos, substituída, esta última, pela percepção de uma profunda diástase entre a vida própria e o Acontecimento do mundo. Na realidade, o *trait d'union* entre individual e coletivo sempre foi constituído, historicamente, pelo núcleo familiar, dentro do qual um acontecimento coletivo constituía um macrocosmo em relação à vida de cada um em particular e um microcosmo em relação à história secular, mediando entre indivíduo e tempo, entre mundo e sujeito. A perda progressiva da significatividade do acontecimento nucleal, decorrente de uma congérie de fatores dificilmente sintetizáveis, comportou portanto uma grave fratura e, como inevitável conseqüência, a idéia de uma substancial exterioridade da história em relação à vida (cf.

Ferrarotti, 1986): explicam-se, assim, alguns fenômenos de grande atualidade junto às jovens gerações, como por exemplo o acentuado desinteresse pelos objetos "de família", que até algum tempo atrás indicavam a relação de continuidade com o passado (Tabboni, 1985), ou a rejeição de tradições de certos grupos de identidade desviante cuja especificidade se define somente com base na oposição, já não à "tradição", mas sim ao exterior e à história como tal (Melucci, 1982).

O processo de exteriorização das lembranças parece, portanto, constituir o dado característico da memória contemporânea, mas devemos prontamente observar que essa exteriorização parece desempenhar dois papéis diferentes, de acordo com o nível onde a colocamos: nível de arquivamento social ou de arquivamento privado. De fato, enquanto as informações e os dados que garantem a participação no mundo são sempre encontráveis dentro de "córtices cerebrais exteriorizados" pertencentes à sociedade, as lembranças pessoais exteriorizadas, como fotografias por exemplo, ou quaisquer resultados de um colecionismo informativo privado, são interpretados como estranhos ao acúmulo arquivístico coletivo, e vistos, no máximo, como sua metáfora.

Portanto, os arquivos não constituem somente o sinal de uma procuração passada ao social, mas também (e em aparente contradição) o sintoma de um novo processo de centralização do sujeito. Confiar a própria memória às lembranças exteriorizadas significa, em suma, tanto confiar a própria identidade aos bancos de dados dos quais não passamos de simples usuários (e por conseguinte colocarmonos na posição de "viajantes míopes" do labirinto), quanto constituir sistemas pessoais de memória, *files*, álbuns de fotografias, coleções de videocassetes, de agendas ou diários, das quais a coletividade é definitivamente excluída, e nas quais se celebra justamente a própria identidade.

Os grandes sistemas sociais de memória – aos quais é confiada a lembrança global – são utilizados sim pelo indivíduo, mas não para reconhecer a própria subjetividade.

Esta tarefa é confiada prevalentemente ao processo pessoal ou privado de gravação, que imita o processo social, rejeitando, porém, as informações e relações que este último implica. O paradoxo das insistências atuais que consideram o usuário o centro de um sistema de redes informativas, televisivas, informáticas e telemáticas é o de não haver percebido que ele não tende a interpretar a si mesmo como tal, e sim como acumulador diletante e arquivista, para quem a importância das informações que é capaz de reunir não consiste na informatividade em relação ao mundo, mas na possibilidade de fruir da atividade de armazenamento social, criando um armazém-álbum das recordações próprio e autônomo, externo, amiúde inútil, e todavia tranqüilizador e negador do esquecimento.

Portanto, também com respeito à idéia de fragmentariedade subjetiva que foi substituindo a idéia "forte" de identidade, a prática memorial-arquivística contemporânea parece colocar-se de modo articulado e até mesmo contraditório. É verdade porém que, por um lado, no que concerne aos mitos mnemotécnicos clássicos (e sobretudo renascentistas), o mito da tecnologia reprodutiva encontra sua própria peculiaridade na passagem de um homem-centro do universo (cujo estatuto prioritário é fruto da estreita ligação com o próprio mundo) a um homem-fragmento num cosmo reduzido a puro horizonte abstrato de referência. Se o mundo de Bruno era o primeiro, verdadeiro e autêntico arquivo memorial cujas imagens-amuletos tinham o único mérito de serem fiéis, já a sociedade arquivística é tão-somente um labirinto de imagens desprovidas de um sentido ulterior: note-se que não se nega o que está para além da imagem, mas o dado essencial reside no fato de que as imagens-lembranças têm sua justificativa em si mesmas, como negação do esquecimento. Por outro lado, o uso privado dos meios de gravação, a obsessão arquivística e colecionística, e mesmo os progressos científicos que visam a um uso descentralizado das tecnologias eletrônicas parecem marcar uma espécie de inversão de tendência, uma reproposição da centralidade subjetiva e individual. Naturalmente, esta nova subjetividade surge marcada pela fratura da "suspeita": embora supere em parte a idéia de dispersão – à qual contrapõe justamente o acúmulo de lembranças exteriorizadas –, não obstante isso, não pode voltar a uma matriz "forte" de subjetividade como substrato. O resultado é uma curiosa ideologia da identidade-memória, a um tempo pós-moderna (visto que contraposta à subjetividade clássica) e pós-contemporânea (porque em fase de superação também da "subjetividade fraca" contemporânea): ideologia da identidade como percurso entre signos, como *puzzle* de lembranças exteriorizadas.

Nessa rotina de reapropriação da subjetividade (repetimos mais uma vez: de uma identidade nem fraca nem forte, mas prevalentemente "desencantada"), o homem é certamente guiado pelo caráter peculiar das máquinas de memória à sua disposição; máquinas, justamente, e não mais instrumentos como na tradição memorial pré-tecnológica[5].

Na concepção mnemotécnico-mágica, os amuletos, os labirintos circulares ou teatros de memória eram *instrumentos*: ampliavam de fato – materializando – as possibilidades memoriais do homem. As próprias formas – mais "leigas" – de arquivamento, anteriores aos computadores, continuam sendo fundamentalmente instrumentais. O computador é a primeira *máquina* cuja capacidade de arquivamento vê-se dotada de leis próprias e autônomas, ainda que num sentido profundamente complexo. Antes de mais nada, o computador não é a única "máquina" usada para arquivar: igual finalidade tiveram os primeiros meios de gravação sonora e visual, nos quais se verificava o mesmo cruzamento de autonomia e extensão das potencialidades humanas: simplesmente a tecnologia informática, ainda que também

---

5. A distinção entre instrumento e máquina, já clara para Karl Marx, é a que vemos entre uma simples extensão de uma capacidade do homem e algo que intervém modificando o seu utilizador, impondo-lhe as próprias leis e os próprios ritmos. Para uma discussão sobre a relação entre instrumento e máquina nas novas tecnologias, veja-se Turkle, 1984.

descendendo historicamente do estudo das funções de cálculo, desenvolve-se explicitamente como tecnologia memorial, encarregada, portanto, do arquivamento como escopo primário. Em segundo lugar, o próprio computador possui características que mantêm uma conotação instrumental; de fato, ele não deixa de ser uma extensão das capacidades mnemônicas humanas.

Ora, no que concerne ao primeiro ponto, o uso dos instrumentos de gravação mecânica é a primeira causa do nascimento das lembranças exteriorizadas nos quais a memória tende a confundir-se com o que é lembrado: não é assim com os livros ou com os monumentos, lembranças "externas" que mantêm, porém, a sua função sígnica de um modo absolutamente não evidente. Ao contrário, vozes e imagens gravadas – repetimos mais uma vez – conservam uma forte sugestão metafórico-metonímica à qual é difícil nos subtrairmos, e que parece sugerir a identidade entre signo e objeto rememorado.

No que tange às características peculiares dos arquivos informáticos, o aspecto de extensão da mente – que convive com o aspecto puramente maquinal – deve ser vista em dois sentidos: por um lado como o emergir da tecnologia digital (que mima especificamente os aspectos mentais do conhecimento e da capacidade de raciocínio); por outro, como a articulação específica dos arquivos informáticos, fiel ao projeto clássico que interpretava o sistema de memória como uma "imagem" adequada da mente.

5.4. *O Eu-Arquivo*

O estudo das relações pessoais com os computadores e das conseqüências psicológicas de tais relações revela outros particulares interessantes sobre o tema que aqui estamos tratando: especialmente um estudo de S. Turkle (Turkle, 1984), que mostra a "capacidade" de integração e catalisação exercida pelos computadores nas várias fases do desenvolvimento. Em síntese, parecem eles capazes de inserir-se em todos os momentos da personalidade humana, acelerando ou diminuindo o ritmo dos processos normais de crescimento e amadurecimento, bem como as tendências próprias de cada indivíduo. Nos casos de uso prolongado e peculiar, podem até mesmo passar a fazer parte do mundo psicológico do usuário, garantindo-lhe esquemas interpretativos e linguagens adequadas. Este último item merece certa atenção: observamos pouco acima o afastamento existente entre o uso da memorização social e a constituição da memória individual contemporânea. Em ambos os casos encontramo-nos diante de uma consistente confiança na exteriorização das lembranças, quer se trate de um arquivo cadastral, quer de uma coleção pessoal de programas televisivos, a lógica é sempre a mesma, feita de confiança no suporte material, de atitude utopisticamente oniabrangente, de atenção mais voltada para a conservação do que para a recuperação, de luta contra o esquecimento possível e de desinteresse por aquele já em curso. Observamos que o indivíduo tende, contudo, a usar o arquivo social de modo puramente instrumental, e a "pôr algo de si" somente no arquivo pessoal, no qual de certa maneira parece reconhecer sua própria identidade real. Estamos agora diante da tese psicológica segundo a qual a técnica informática tende a penetrar na consciência e na linguagem dos sujeitos, já não no sentido alienante, mas prevalentemente no sentido integrativo e dinâmico.

Volta então a emergir a substancial ambigüidade de uma tecnologia (tecnologia eletrônica, interpretada em clave mnemotécnica) que é a um só tempo fiel a um antigo mito, permeada no seu uso social pela crise da subjetividade e instrumento possível na parcial recuperação de uma identidade particular.

A linha interpretativa desses fenômenos parece passar através da distinção entre sujeito individual e coletivo: certamente o sentido da fragmentação constitui um afastamento do primeiro em relação à força do segundo; certamente cabe à identidade social determinar em grande parte os momentos e as características da pessoa (lembremos as observações barthesianas sobre a corporeidade imposta pela mudança dos ritmos de vida no decorrer do tempo pessoal de um sujeito). Por outro lado, porém, é inegável que o sujeito mesmo se vai afirmando com renovada tensão diante de uma sociedade complexa, na qual passa a reivindicar uma parcial impermeabilidade toda dele, em relação às decisões coletivas. Em suma, o indivíduo parece hoje estar disponível (na condição de filho natural de um saber e de uma cultura realmente "arquivísticos") à reconstituição de um *puzzle* de identidade, estruturado mediante o acúmulo de signos que testemunham um passado pessoal talvez subjetivamente esquecido, e não obstante presente nos fatos registrados, nos signos materializados. Nesse sentido a identidade da sociedade arquivística parece compor-se de uma nova síntese, na qual o individual e irrepetível manifesta-se como uma junção de signos e testemunhos. De um ponto de vista geral, essa tensão (que definimos como "pós-contemporânea") dirigida à autodefinição parece configurar-se quase como uma *saudade* da identidade originária, socialmente difratada e perdida: seu aspecto positivo é constituído, portanto, pela percepção de uma falta, ou de uma perda. Saudade da identidade significa consciência da ausência de um originário que foi perdido, ou esquecido; e nesse processo, a pulsão do novo sujeito para constituir-se como tal certamente supera a percepção da dispersão de um dado irrenunciável, própria das estratégias de suspeita. Todavia, essa saudade busca a identidade pelos caminhos do puro acúmulo e da mera aproximação de fragmentos, isto é, naquela mesma linha que teorizou a perda do sujeito nos meandros das estruturas. A identidade pós-contemporânea é então o mito da recuperação do originário através dos mesmos caminhos que levaram ao seu esquecimento. A metáfora com que iniciamos este livro – o labirinto – volta assim a ser sua proposta central: num universo de corredores povoados de símbolos, o homem pode aspirar somente a construir-se como discurso memorial. Geralmente a desconfiança enraizada na consciência e na memória pessoal leva-o a materializar o seu próprio discurso sempre em novos signos e sempre em novos corredores, colaborando com a gênese do labirinto de cuja constituição já participa. Porém, se a nova função do sujeito o aproxima de Dédalo, o arquiteto do labirinto, sua condição de estranho ao horizonte último do originário o mantém, no entanto, sempre fechado no mundo que tenta interpretar: ser prisioneiro ou ser viajante vitorioso, isso só dependerá da meta que ele escolher para seu próprio caminho e da imagem de labirinto que quiser propor a si mesmo. A infinidade de caminhos não impede a saída, trata-se apenas de estabelecer se no labirinto nascemos – como esse sentimento de saudade parece indicar – ou se ali chegamos vindos de algum lugar para onde é necessário voltar.

BIBLIOGRAFIA

Obras Traduzidas para o Português

BARTHES, Roland. *A Câmara Clara, Nota sobre a Fotografia*. Trad. Júlio Castanon Guimarães. Rio de Janeiro, Nova Fronteira, 1984. 185p., *il.*

BORGES, Jorge Luis. *Ficções*. Trad. Carlos Nejar. 3ª ed., Porto Alegre, Globo, 1982. 156p. (Coleção Sagitário)

ECO, Umberto. *Tratado Geral de Semiótica*. 2ª ed. Tradução de Antônio de Pádua Danesi e Gilson César Cardoso de Souza. São Paulo, Perspectiva, 1991.

GOFFMAN, Erving. *A Representação do Eu na Vida Cotidiana*. Trad. Maria Célia Santos Raposo. Petrópolis, Vozes, 1975. 233p.

LYOTARD, Jean François. *O Pós-Moderno*. Trad. Ricardo Correia Barbosa. Rio de Janeiro, José Olympio, 1986. xviii+123p.

METZ, Christian. *A Significação no Cinema*. São Paulo, Perspectiva, 1972. 295p.

NIETZSCHE, Friedrich Wilhelm. *A Gaia Ciência*. Trad. Márcio Pugliesi, Edson Bini e Norberto de Paula Lima. Rio de Janeiro, Tecnoprint, 1986. 221p.

PEREC, Georges. *As Coisas*; uma Estória dos Anos 60. Trad. T. C. Neto. São Paulo, Nova Crítica, 1969. 137p.

PROUST, Marcel. *À Sombra das Raparigas em Flor*. Trad. Mário Quintana. São Paulo, Abril Cultural, 1984. 407p.

VERNANT, Jean-Pierre. *Mito e Pensamento entre os Gregos*. Trad. Haiganuch Sarian. São Paulo, Difusão Européia do Livro, 1973. 322p.

YATES, Frances Amelia. *Giordano Bruno e a Tradição Hermética*. Trad. Yolanda Steidel de Toledo. São Paulo, Cultrix, 1987. 505p., *il.*

YOURCENAR, Marguerite. *Contos Orientais*. Trad. Martha Calderaro. Rio de Janeiro, Nova Fronteira, 1983. 150p.

Referências Bibliográficas

ANELLI, M.
1984 "Nella rete di Source", *in Personal Times*, 4.

ATTALI, J.
1983 *Histoires du temps*. Paris, Fayards. Trad. it. *Storie del tempo*, Milão, Spirali, 1983.

BADDELEY, A.
1982 *Your Memory. A User's Guide*. Londres, Multimedia Publication Ltd. Trad. it. *La memoria. Come funziona e come usarla*, Bari, Laterza, 1984.

BALASZ, B.
1930 *Der Geist des Films*. Halle, Knapp. Trad. it. *Estetica del film*, Roma, Editori Riuniti, 1976.

BARBIERI, G. e VIDALI, P.
1985 (ed.) *Le forme del tempo e della memoria*. Pádua, Edizioni 1+1.

BARTHELME, D.
1975 *The Dead father*. New York, Farrar, Straus and Giroux. Trad. it. *Il padre morto*, Turim, Einaudi, 1979.

BARTHES, R.
1973 *O Prazer do Texto*. São Paulo, Perspectiva, 1977.
1975 *Roland Barthes*. Paris, Seuil, 1975. Trad. it. *Barthes*, Turim, Einaudi, 1980.
1980 *A Câmara Clara, Nota sobre a Fotografia*. Rio de Janeiro, Nova Fronteira, 1984.

BARTHES, R. e COMPAGNON, A.
1979 "Lettura", *in Enciclopedia VIII*, Turim, Einaudi.

BAZIN, A.
1958-62 *Qu'est-ce-que le cinéma*. Paris, Editiones du Cerf, 4 v. Trad. It. *Checosa è il cinema*, Milão, Garzanti, 1979.

BERNAGOZZI, G.
1979 *Il cinema corto*. Florença-Milão, La casa Usher.

BERRY, A.
1983 *The Super-Intelligent Machine*, –, –, Trad. it. *La macchina superintelligente*, Milão, Longanesi, 1984.

BETTETINI, G.
1971 *L'indice del realismo*. Milão, Bompianis.
1975 *Produzione di Senso e messa in scena*. Milão, Bompiani.
1979 *Tempo del senso*. Milão, Bompiani.
1980 "Introduzione", in *Cronografie* (catálogo da exposição homônima), Veneza, Marsilio.
1981 *Scritture di massa*. Milão, Rusconi.
1984 "Troppa memoria, proviamo a dimenticare", in *Corriere della Sera*, 22 de outubro.

BETTETINI, G., ISEPPI, E., LA PIETRA, U., ROSITI, F.
1983 (ed.) *Il tempo dell'uomo nella società della tecnica*. Veneza, ERI.

BORGES, J. L.
1944 *Ficciones*. Buenos Aires, Sur. Trad. it. *Finzioni*, Turim, Einaudi, 1980. Trad. bras. *Ficções*, 3ª ed., Porto Alegre, Globo, 1982.
1984 *Atlas*. Buenos Aires, Emecé Editores S.A. Trad. it. *Atlante*, Milão, Mondadori, 1985.

BOTTINELLI, A. e COLOMBO, F.
1983 *Il paese sommerso*. Florença, La nuova Italia.

CARITÀ, E.
1984 *Siamo già nel futuro*, in G. Giovannini (ed.), *Dalla selce al silicio*. Turim, Gutemberg 2000.

CASETTI, F. e COLOMBO, F.
1983 (ed.) "La memoria sociale", número monográfico de *Comunicazioni Sociali*, 4.

CESAREO, G. e HESSEL, M.
1984 "Giocando s'impara", in *Personal Times*, 3.

CESAREO, V.
1985 *Socializzazione e controllo sociale*. Milão, Angeli.

CHERCHI USAI, P.
1985 (ed.) "C'era una volta in cineteca", número monográfico de *Segnocinema*, 20.

CIPOLLA, C. M.
1967 *Clocks and Culture*. Londres, Collins. Trad. it. *Le macchine del tempo*. Bolonha, Il Mulino, 1981.

COLOMBO, F.
1981 "Tempo, memoria, soggetto", in *Comunicazioni Sociali*, 2.
1984a. "Leonard o del falso", in *Comunicazioni Sociali*, 1.
1984b. "Il remake. Per la teoria di uno splendido paradosso", in *Segnocinema*, 15.

COLOMBO, F. e VIDALI, P.
1981 "L'utopia televisiva", in *Vita e Pensiero*, 12.

COSTA, A.
1982 Intervenção no convênio sobre "Il film come bene culturale" (Veneza, 1982), agora em *Il film come bene culturale*, Turim, ERI.

DELEUZE, G. e GUATTARI, G.
1976 *Rhizome*. Paris, Minuit. Trad. it. *Rizoma*, Parma, Pratiche, 1977.

DE ROSSO, V.
1983 *Come si programmano i computers*. Milão, Mondadori.

DERRIDA, J.
1967 *L'écriture et la différence*. Paris, Seuil. Trad. it. *La scritta e la differenza*, Turim, Einaudi, 1971.

DE SOLLA PRICE, D.
1976 "Clockwork before the Clock and Timekeepers before the Timekeeping", *in Bulletin of the National Association of Watch and Clock Collectors*, Inc. 18.

DI GIAMMATTEO, F.
1978 "Flaherty: il documentario come 'ricreazione' di un mondo", *in* A. Ferrero (ed.), *Storia del cinema*, II, Veneza, Marsilio.

ECO, U.
1975 *Trattato di semiotica generale*. Milão, Bompiani.
1985 "L'antiporfirio", *in Sugli Specchi ed Altri Saggi*, Milão, Bompiani. Trad. bras. *Sobre os Espelhos e Outros Ensaios*. Rio de Janeiro, Nova Fronteira, 1989.

ELIAS, N.
1984 *Über die Zeit. Arbeiten zur Wissenssoziologie II*. Frankfurt, Suhrkamp. Trad. it. *Saggio sul tempo*, Bolonha, Il Mulino, 1986.

FARASSINO, A.
1982 Intervenção no convênio "Il film come bene culturale" (Veneza, 1982), agora em *Il film come bene culturale*, Turim, ERI.

FERRAROTTI, F.
1986 *La storia e il quotidiano*. Bari, Laterza.

FERRERO, A.
1978 "Nascita del cinema tra arte e industria. L'atteggiamento dei gruppi intellettuali. L'alternativa Lumière-Méliès", *in* A. Ferrero (ed.), *Storia del cinema*, I, Veneza, Marsilio.

GOFFMAN, E.
1959 *The Presentation of Self in Everyday Life*. New York, Garden City, New Yörk Doubleday. Trad. it. *La vite quotidiana come rappresentazione*. Bolonha, Il Mulino, 1969. Trad. bras. *A Representação do Eu na Vida Quotidiana*. Petrópolis, Vozes, 1975.

GRANDE, M.
1984 "Esser simile, somigliare, riprodurre. Per una definizione dell'icona cinematografica", *in* AAVV, *Semiotica della rappresentazione*, Palermo, Flaccovio.

GRASSO, A.
1985 (ed.) "Il videogioco della comunicazione", número monográfico de *Comunicazioni Sociali*, 4.

HALBWACHS, M.
1968 *La mémoire collective*. Paris, PUF.

HOFSTADTER, D. R.
1979 *Gödel, Escher, Bach: an Eternal Golden Braid*. Basic Books, Inc. Trad. it. *Gödel, Escher, Bach: un'esterna ghirlanda brillante*. Milão, Adelphi, 1984.

HUSSERL, E.
1966 *Zur Phänomenologie des inneren Zeitbewusstseins*. Haia. Trad. it. *Per la fenomenologia della coscienza interna del tempo*. Milão, Angeli, 1981.

IVENS, I.
— *The camera and I*. Seventh Seas Book. Trad. it. *Io – cinema. Autobiografia di un cineasta*. Milão, Longanesi, 1979.

JAKOBSON, R.
1963 *Essais de linguistique générale*. Paris, Editions de Minuit. Trad. it. *Saggi di linguistica generale*. Milão, Feltrinelli, 1976.

KERN, H.
1981 *Labyrinthe*. –, –, Trad. it. *Labirinti*. Milão, Feltrinelli, 1981.

KRACAUER.
1960 *Theory of film*. New York, Oxford University Press. Trad. it. *Film: ritorno alla realtà fisica*. Milão, Il Saggiatore, 1962.

LANDES, D. S.
1983 *Revolution in Time*. Harvard, Harvard College. Trad. it. *Storia del tempo*, Milão, Mondadori, 1984.

LANGE, A.
1983 "Memoria storica e memoria collettiva", in *Comunicazioni Sociali*, 4.

LECCARDI, C.
1985 *Il tempo della quotidianità*, in A. Cavalli (ed.), *Il tempo dei giovani*, Bolonha, Il Mulino.

LE GOFF
1977 *Tempo della chiesa e tempo del mercante*. Turim, Einaudi.

LEROI-GOURHAN, A.
1965 *Le geste et la parole*. Paris, Michel. Trad. it. *Il gesto e la parole*, Turim, Einaudi, 1977.

LÉVI-STRAUSS, C.
1977 (ed.) *L'identité*. Paris, Grasset. Trad. it. *L'identità*. Palermo, Sellerio, 1981.

LOTMAN, J.
1972 *Semiotika kino i problemi kinoestetiki*. Moscou, VAAP. Trad. it. em J. Lotman, *Introduzione alla semiotica del cinema*. Roma, Officina, 1979.

LYOTARD, J. P.
1979 *La condition post-moderne*. Paris, Editions de Minuit. Trad. it. *La condizione post-moderna*. Milão, Feltrinelli, 1981. Trad. bras. *O Pós-Moderno*. Rio de Janeiro, José Olympio, 1986.

MANACORDA, P.
1984 *Lavoro e intelligenza nell'età microelettronica*. Milão, Feltrinelli.

MARCHIANÒ, G.
1985 "La danza delle ombre", *in FMR*, 58.

MCLUHAN, M.
1964 *Understanding Media*. New York, McGraw-Hill Co. Trad. it. *Gli strumenti del comunicare*. Milão, Garzanti, 1974.

MELUCCI, A.
1982 *L'invenzione del presente*. Bolonha, Il Mulino.

METZ, C.
1968 *Essais sur la signification au cinèma*, I. Paris, Klincksiek. Trad. it. *Semiologia del cinema*. Milão, Garzanti, 1982. Trad. bras. *A Significação no Cinema*. São Paulo, Perspectiva, 1972.

MORIN, E.
1956 *Le cinéma ou l'Homme imaginaire*. Paris, Éditions de Minuit. Trad. it. *Il cinema o l'uomo immaginario*. Milão, Feltrinelli, 1982.

1970 *L'homme et la mort*. Paris, Seuil. Trad. it. *L'uomo e la morte*. Roma, Newton Compton, 1980.

MUMFORD, L.
1934 *Technics and Civilization*. New York, Harcourt Brace. Trad. it. *Tecnica e cultura*. Milão, Il Saggiatori, 1964.

MUNSTERBERG, H.
1916 *The Photoplay. A Psychological Study*. New York, D. Appleton & Co. Trad. it. *Film. Il cinema muto nel 1916*. Parma, Pratiche, 1980.

NIETZSCHE, F.
___ *Die fröhliche Wissenschaft*, trad. it. *La gaia scienza*, *in Opere*, por G. Colli e M. Montinari (trad. de F. Masini), v. V, tomo II, Milão, Adelphi, 1979. Trad. bras. *A Gaia Ciência*. Rio de Janeiro, Tecnoprint, 1986.

NORMAN, D.
1979 *Slips of the Mind and an Outline of a Theory of Action*. San Diego, Center for Human Information Processing, University of California.

1980 "Post-Freudian Slips", *in Psychology Today*, abril.

1981 "Categorization of Action Slips", *in Psychology Review*, 88.

PASINETTI, P. M.
1983 "Perché siamo a tre minuti dall'apocalisse", *in Corriere della Sera*, 23 de dezembro.

PEREC, G.
1965 *Les Choses*. René Julliard, –. Trad. it. *Le cose*. Milão, Mondadori, 1965. Trad. bras. *As Coisas; uma Estória dos Anos 60*. São Paulo, Nova Crítica, 1969.

PERNIOLA, M.
1980 *La società dei simulacri*. Bolonha, Cappelli.
1985 *Transiti*. Bolonha, Cappelli.

PETROSINO, S.
1983 "La pratica della memoria", *in Comunicazioni Sociali*, 4.

PIEPER, J.
— *Traktat über die Klugheit*. Munique. Trad. it. *Sulla prudenza*, Brescia, Morcelliana, 1965.

PONTICELLI, L.
1980 *L'io nel tempo*. Milão, Vita e Pensiero.

PRATT, J., RIZZA, N., VIOLI, P., WOLF, M.
1984 *La ripresa diretta*. Turim, ERI.

PROUST, M.
1918 *A l'ombre des jeunnes filles en fleur*, trad. it. *All'ombra delle fanciulle in fiore*. Turim, Einaudi, 1978. Trad. bras. *À Sombra das Raparigas em Flor*. São Paulo, Abril Cultural, 1984.
1925 *La fugitive*, 1925. Trad. it. *La fuggitiva*. Turim, Einaudi, 1979.

QUEAU, P.
1986 *Éloge de la simulation. De la vie des langages à la synthèse des images*. Seyssel, Editions du Champ Vallon.

RAMPAZI, M.
1985 *Il tempo biografico*, *in* A. Cavalli (ed.), *Il tempo dei giovani*. Bolonha, Il Mulino.

RICHARD, J. P.
1974 *Proust et le monde sensible*. Paris, Seuil. Trad. it. *Proust e il mondo sensibile*. Milão, Garzanti, 1976.

ROSENSTIEHL, P.
1979 "Labirinto", *in Enciclopedia VIII*, Turim, Einaudi.

ROSSI, P.
1983 *Clavis Universalis*. Bolonha, Il Mulino.

ROUSSEL, R.
— *Locus Solus*. J. J. Pauvert. Trad. it. *Locus Solus*. Turim, Einaudi, 1982.

SANTARCANGELI, P.
1984 *Il libro dei labirinti*. Milão, Frassinelli.

SCIOLLA, L.
1983 (ed.) *Complessità sociale e identità*. Milão, Angeli.

SERVELLO, F.
1984 *Che cos'è la telematica*. Milão, Mondadori.

SIMMEL, G.
1908 "Die Kreuzung sozialer Kreiser", *in Soziologie*, Leipzig.

SINI, C.
1982 *I luoghi dell'immagine e la teoria dell'immaginazione*. Milão, Unicopli.

TARBONI, S.
1985 *Il tempo della storia*, in A. Cavalli (ed.), *Il tempo dei giovani*. Bolonha, Il Mulino.

TINAZZI, G.
1984 "Falso, ripetizione, remake", *in Cinema & Cinema*, 39.

TURKLE, S.
1984 *The Second Self.* –, Trad. it. *Il secondo io*. Milão, Frassinelli, 1985.

VALLAR, G.
1983 "La neurofisiologia della memoria a breve termine", *in Le Scienze*, 184.

VATTIMO, G. e ROVATTI, P. A.
1983 (ed.) *Il pensiero debole*. Milão, Feltrinelli.

VERNANT, J. P.
1971 *Mythe et pensée chez les Grecs*. Librairie François Mauro. Trad. it. *Mito e pensiero presso i Greci*. Turim, Einaudi. Trad. bras. *Mito e Pensamento entre os Gregos*. São Paulo, Difusão Européia do Livro, 1973.

VIDALI, P.
1981 "Il declinio del soggetto", *in Comunicazioni Sociali*, 2.

WEBER, M.
1920 *Wirtschaft und Gesellschaft*. Tübingen, Mohr. Trad. it. *Economia e società*. 5 v., Milão, Comunità, 1980.

WOLF, M.
1985 *Teorie delle comunicazioni di massa*. Milão, Bompiani.

YATES, F. A.
1964 *Giordano Bruno and the Hermetic Tradition*. Londres, Routledge & Kegan Paul. Trad. it. *Giordano Bruno e la tradizione ermetica*. Bari, Laterza, 1981. Trad. bras. *Giordano Bruno e a Tradição Hermética*. São Paulo, Cultrix, 1987.

1966 *The Art of Memory*. Londres, Routledge & Kegan Paul. Trad. it. *L'arte della memoria*. Turim, Einaudi, 1972.

YOURCENAR, M.
1968 *Nouvelles Orientales*. Paris, Gallimard. Trad. it. *Novelli Orientali*. Milão, Rizzoli, 1983. Trad. bras. *Contos Orientais*. Rio de Janeiro, Nova Fronteira, 1983.

ZAKS, R.
1983 *Proibito!* Milão, Gruppo Editoriale Jackson (ed. org. por General Electric Company).

ZERUBAVEL, E.
1981 *Hidden Rythms. Schedules and Calendars in Social Life*. Chicago, University of Chicago Press. Trad. it. *Ritmi nascosti*. Bolonha, Il Mulino, 1985.

COMUNICAÇÃO NA PERSPECTIVA

SHAZAM – Álvaro de Moya (D026)
O CARTAZ – Abraham Moles (D074)
SEMIÓTICA, INFORMAÇÃO E COMUNICAÇÃO – J. Teixeira C. Netto (D168)
A LINGUAGEM DA SEDUÇÃO – Ciro Marcondes Filho (org.) (D210)
OS ARQUIVOS IMPERFEITOS – Fausto Colombo (D243)

IMPRESSÃO:
BARTIRA GRÁFICA E EDITORA S/A
(011) 458 - 0255